# 자산관리사

# 자산관리사

| | | | |
|---|---|---|---|
| 발행일 | 2018년 8월 24일 | | |
| 지은이 | 남성현 | | |
| 펴낸이 | 손형국 | | |
| 펴낸곳 | (주)북랩 | | |
| 편집인 | 선일영 | 편집 | 오경진, 권혁신, 최예은, 최승헌, 김경무 |
| 디자인 | 이현수, 김민하, 한수희, 김윤주, 허지혜 | 제작 | 박기성, 황동현, 구성우, 정성배 |
| 마케팅 | 김회란, 박진관 | | |
| 출판등록 | 2004. 12. 1(제2012-000051호) | | |
| 주소 | 서울시 금천구 가산디지털 1로 168, 우림라이온스밸리 B동 B113, 114호 | | |
| 홈페이지 | www.book.co.kr | | |
| 전화번호 | (02)2026-5777 | 팩스 | (02)2026-5747 |
| ISBN | 979-11-6299-281-4 03320 (종이책) | | 979-11-6299-282-1 05320 (전자책) |

이 도서의 국립중앙도서관 출판예정도서목록(CIP)은 서지정보유통지원시스템 홈페이지(http://seoji.nl.go.kr)와
국가자료공동목록시스템(http://www.nl.go.kr/kolisnet)에서 이용하실 수 있습니다.
(CIP제어번호 : CIP2018025736)

**(주)북랩** 성공출판의 파트너

북랩 홈페이지와 패밀리 사이트에서 다양한 출판 솔루션을 만나 보세요!

**홈페이지** book.co.kr • **블로그** blog.naver.com/essaybook • **원고모집** book@book.co.kr

고객 특성을 꿰뚫는 정확한 분석으로 파이낸셜 플랜의 해답을 제시하는

# 자산 관리 사

지은이 | 남성현

**저축**은 자산을 늘리고(+),
**보험**은 자산에서 빠져나가며(-),
**투자**는 자산을 증식시키고(×),
**세금**은 자산이 나눠지게 한다(÷)

북랩 **book** Lab

# Prologue

나는 증권회사를 거쳐 재무설계회사 및 보험회사에서 근무하면서 VIP 상담 및 교육을 주로 하였다.

운이 좋게도 교육 팀장, PB(Private Banker), WM(Wealth Manager)이라는 금융회사 직원이라면 누구나 인정해주는 직책을 맡으면서 끊임없이 연구하고 실전 노하우를 쌓으려 노력했다.

처음 증권회사에서 근무할 때 고객들에게 투자의 중요성을 알려주고 투자에 대한 환상을 심어주려고 부단히 노력했다. 투자라는 것이 잘 사용하면 아주 유용한 도구이지만 잘못 사용하면 위험한 흉기가 될 수 있음을 깨달았다.

증권회사를 다니면서 이길 수 없는 투자환경에서도 지속적인 투자매매만을 강요하는 회사에 회의를 느껴 재무설계회사로 이직을 하게 됐다. 회사 이직 후 1년이 조금 지나자 불행인지 다행인지 전에 다녔던 증권회사가 문을 닫았다.

재무설계회사를 다니면서 저축과 보장의 중요성을 배우게 되었다. 증권회사에서 투자에 대한 환상에 사로잡혀 저축과 보장을 하찮게 바라봤는데 실제로 돈 관리의 시작은 저축과 보장이라는 것을 뒤늦게 깨닫게 되었다.

그러고 나서 재무설계와 증권회사 근무 경험을 바탕으로 생명보험회사 WM으로 추천받게 되었다. WM이라는 직책은 주로 VIP 고객(법인사업자, 고소득사업자, 자산가 등)을 상담하는 일이었다. 좋은 기회라 생각하고 이직을 결심하게 되었다. VIP 고객 상담을 하다 보니 자연스레 세금 이야기를 많이 하게 되었다. 세금에 대해서 알수록 세금이 고소득자뿐만 아니라 일반 직장인에게도 절실히 필요하다는 것을 새삼 느끼게 되었다.

개인적으로 저축, 보장, 투자, 세금을 '자산관리의 사칙연산'이라고 생각한다. 저축은 ( + ), 보장은 ( - ), 투자는 ( × ), 세금은 ( ÷ )이다. 돈 관리를 잘하려면 덧셈, 뺄셈, 곱셈, 나눗셈을 잘해야 하는 것이다.

증권회사, 재무설계회사, 보험회사에서 근무하면서 저축, 보장, 투자, 세금에 대해 현장에서 배운 노하우를 이 책을 통해 내용을 나누고자 한다.

**단 한 사람에게라도 이 책이 도움이 되었다면 그것만으로 큰 힘이 될 것 같다.**

2018년 8월

남성원

# CONTENTS

Part 1. 투자

Part 2. 세금

# Part 3. 저축

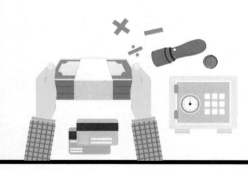

# Part 4. 보장

# Part 1

# 투자

## 🔄 이기는 투자

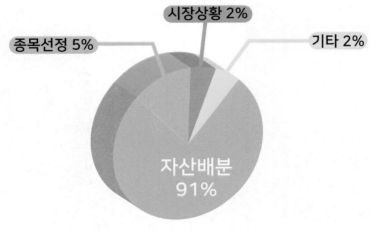

시장상황 2%

종목선정 5%

기타 2%

자산배분
91%

[출처: 미국의《Financial Analysts Journal》]

## 수익률에 영향을 미치는 요인

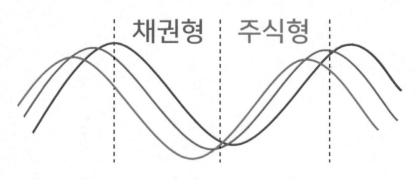

채권형 │ 주식형

불황기 ▶ 채권형 선택 　　　호황기 ▶ 주식형 선택

## 경기 변동과 펀드 선택

## 주식이나 펀드 등 투자상품을 현명하게 매수하는 방법이 있을까?

미국 《Financial Analysts Journal》에 의하면 자산을 성공적으로 관리한 부자들을 대상으로 좋은 수익률을 달성할 수 있었던 비결을 조사하니 91%가 자산배분이라는 답을 했다고 한다. 그들은 우량종목을 잘 선택한 것도 아니고 운이 좋아 시장상황이 따라준 것도 아니었다. 시장상황을 잘 파악하여 주식을 매입하면 좋을 때와 채권상품을 매입하면 좋을 때 자산배분을 잘했던 것이다.

그들의 말을 쉽게 풀이하면 주식을 살 때와 채권을 살 때를 정확히 알았다는 것인데
주식을 살 때와 채권을 사야 할 때가 언제일까?

주식을 매입하기 좋은 시장환경은 경기가 좋은 호황기이며, 채권을 매입하기 좋은 시장환경은 경기가 좋지 못한 불황기이다. 말은 너무 쉽지만 막상 경기가 호황이라서 주식을 매입하려 하면 주식 가격이 엄청 높아져 있으므로 실질적으로는 주식을 매입하기에 부담스러운 것이 현실이다.

## 그러면 언제 주식을 매입해야 하는 것일까?

주식 가격에 영향을 미치는 경제지표들은 너무나 많다.
GDP, 환율, 금리, 원자재 가격, 통화량, 외국인 매수 등 경제에 대해서 잘 모르는 사람들이라면
이해 자체를 포기하고 싶어질 정도로 어려운 내용들이 많이 포함되어 있는 것이 사실이다.

그럼 간단하게 주식을 매입할 때를 알려주는 신호가 없을까?
### 지금 바로 그 이야기를 하고자 한다.

# 이기는 투자

금리 고점

예금입금
주식매도

예금인출
채권투자

금리와
자본의 흐름

주식투자
부동산 매도

채권 매도
부동산 투자

금리 저점

## 코스톨라니 달걀 이론

금리 방향 사전 예고

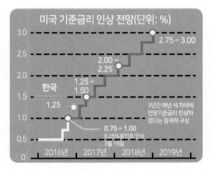

금리 방향 지속성

## 금리의 특징

**코스톨라니 달걀 이론**만 알면 주식을 매입할 때와 채권을 매입할 때를 파악할 수 있다.
코스톨라니는 영국의 펀드 매니저로서 다음과 같은 이론을 발표했다. 금리 상황은 사이클을 따라 순환하는데, 금리가 고점을 찍고 하락할 때는 채권을 매입하고 금리가 저점을 찍고 상승할 때는 주식을 매입하라는 것이다. 이 이론을 설명하기 위해서는 금리와 채권에 대한 약간의 이해가 필요하다. 금리란 은행금리, 대출금리, 채권금리 등 다양하게 표현될 수 있지만, 여기서는 중앙은행(우리나라는 한국은행)에서 발표하는 기준금리로 정의하겠다.
기준금리는 은행금리와 채권금리에 영향을 미친다. 기준금리가 오르면 채권금리와 은행금리가 오른다. 따라서 채권금리는 기준금리 상승 및 하락과 직접적인 관계가 있는데, 여기서 알아둬야 하는 것이 채권가격이 어떻게 결정되는가이다.

채권가격은 채권금리와 상반관계에 있어
채권금리가 오르면 채권가격은 하락한다. 반대로 채권금리가 내리면 채권가격은 오른다.
이와 관련한 자세한 내용은 채권 파트에서 다시 다루기로 하겠다.

채권금리가 내릴 것이라고 하면 채권가격이 오를 수 있으니 채권금리가 내릴 것이라고 전망할 때 채권을 사면 되고 반대로 채권금리가 오를 것이라고 전망할 때 주식을 사면 된다.

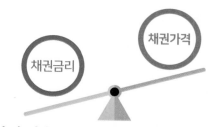

채권가격은 채권금리와 역(-) 관계이다.

그런데 의문이 드는 것이 있다. 주식을 쉽게 예측하려면 금리를 또 예측해야 한다는 것인데 금리 예측이 쉬운 것일까? 또한 금리를 올렸다가 그다음 달에 금리를 내리면 주식을 샀다가 채권을 샀다가 해야 된다는 것인가? 간단히 결론부터 말하자면 금리 관련 내용은 금융통화위원회를 통해 거의 주기적으로 발표되며 금리 인상이나 인하 관련 전망을 사전에 통보하고 있다. 따라서 누구나 쉽게 금리 방향을 예측할 수 있으며, 한 번 결정된 금리 정책은 지속성을 가지기 때문에 자산배분 선택을 자주 하지 않아도 된다.

**이제 금리를 통해 주식 매입 시기와 채권 매입 시기를 파악하는 법을
알게 되었다.**

## 지키는 투자

최근 예능 프로그램을 보면 셰프들의 인기가 매우 높다. 셰프들의 요리 장면을 보면서 누구나 따라 한 경험이 있을 것이다. 그런데 막상 해보면 쉽지가 않다. 셰프들의 쉬운 요리 과정도 본인이 직접 해보면 칼질부터 쉽지가 않다. 필자는 주식투자가 셰프의 칼과 같다는 생각이 들었다. 처음부터 칼질을 잘하는 사람은 아무도 없을 것이다. 준비가 되지 않은 상태에서 주식투자를 한다고 하면 그건 어린아이가 칼을 가지고 요리를 하는 것에 비유할 수 있을 것이다.

**주식 및 투자상품을** 선택하는 이유는 자신이 원하는 목표 자금을 달성하기 위한 수단으로 이용하기 위해서이다. 그런데 아무 지식과 준비가 되어 있지 않다면 어린아이가 쓰는 칼과 다를 것이 없다. 하지만 사전 준비와 지식을 쌓는다면 주식을 셰프들의 칼처럼 유용한 도구로 사용할 수 있을 것이다.

### 주식투자를 할 때 수익을 내는 것보다 중요한 것이 있다면 그것은 바로 지키기 전략이다.

주식투자를 시작할 때 1천만원을 들고 있었는데 2배 수익(100% 수익)이 나서 2천만원이 된 사람이 있다. 그가 얼마 손실을 보면 원금이 되는가?                -50% 손실을 보면 원금이 된다.
반대로 1천만원 가지고 있는 사람이 50% 손실을 봐서 500만원이 되었을 때 원금을 회복하려면 몇 프로 이익을 봐야 하는가?                +100% 수익이 나야 한다.
투자에서는 +100% 수익과 -50% 손실이 통계학적으로 같은 효과를 가져온다. 또한 심리학자들이 분석한 결과 [수익이 날 때보다 손실을 볼 때 2배 이상의 허탈감을 갖는다]라고 한다. 따라서 투자함에 있어 수익보다 손실을 더 중요하게 생각해야 한다.

## 지키는 투자를 위해서 3가지 원칙을 알고 있어야 한다.

## 1. 소문에 사고 뉴스에 팔아라

### 첫 번째 원칙은 소문에 사고 뉴스에 팔라는 것이다.

주식투자를 할 때 얼마나 많은 사람이 그 이야기를 알고 있는지가 중요하다. 주식투자는 제로섬 게임이다. 제로섬 게임이라 하면 [수익을 보는 사람과 손해를 보는 사람의 수익과 손해 총량이 서로 같다]라는 이론이다. 제로섬 게임으로 주식투자를 이해하면 여러 사람들이 주식시장이 상승할 것으로 예측하여 주식을 매수를 했다는 가정하에서는 수익을 기대하기 어렵다는 결론이 나온다. 이는 주식시장을 대부분 상승할 것으로 예측하고 실제로 주식이 상승했다 하더라도 손실을 보는 사람이 거의 없기 때문에 수익 총량이 크지 않아 수익이 발생하기 어렵다는 이론이다.

이는 [주식시장이 좋지 않을 때 주식을 매입할 경우 수익을 많이 낼 수도 있다]라고 해석할 수 있다. 아무도 사지 않는 주식을 매입했기 때문에 수익이 날 경우 많은 수익을 거둘 수 있다.

그렇다고 무조건 주식시장이 좋지 않다고 할 때 주식을 사라는 말은 아니다. 그럴 때 주식을 사면 추가하락으로 손실을 볼 수도 있기 때문이다. 주식시장이 좋지 않을 때 주식을 언제 매입하면 좋은지 알려면 거래량을 살펴보면 된다. 거래량이 급격히 줄어드는데 주식시장이 반등도 추가하락도 하지 않는다면 주식시장에 대한 관심과 기대가 많이 떨어져 있다고 볼 수 있다. 이럴 경우 주식시장이 상승할 거라고 보는 사람이 많지 않지만 시장 예측과 달리 주식이 반등하면 큰 수익을 달성할 수 있다.

### 이를 투자에 있어 역발상 투자라고도 정의한다.

## 💲 지키는 투자

주식의 현 시세가 매입가격보다 낮은 상태에서, 향후 주가 상승이나 하락에 대한 기대와 상관 없이, 사전에 정해진 수준에서 손실을 보고 주식을 매도한 후 관망하는 투자 기법

### 2. 손절매 잘하기

$$\sum_{k}^{n} = (수익 \ 날 \ 확률)^{n} = 0$$

90%   90%   90%   90%

**81%   73%   65%**

매매를 많이 할수록
수익 확률은 점점 낮아짐

### 3. 종목을 자주 바꾸지 않기

## 두 번째 원칙은 손절매를 잘해야 된다는 것이다.

손절매는 본인 예측과 달리 주식 손실이 발생한 경우 손해를 보고 매도하는 데드라인이다. 그런데 손해 보고 팔기가 말처럼 쉽지 않다. 얼만큼 손해를 보고 팔아야 할지 혹시나 자신이 팔고 나면 오르지 않을지 여러 생각이 든다. 하지만 손절매를 잘해야만 진정한 '지키는 투자'를 할 수 있다. 손절매를 잘하려고 하면 제일 먼저 목표수익률을 정해야 한다.

## 목표수익률이 있어야 손절매 라인을 정할 수 있다.

자신이 주식투자를 하면서 정한 목표수익률이 10%인데 손절매 라인이 -20%라 하면 시작부터 이길 수 없는 투자 전략인 것이다. 정확한 손절매 라인은 없지만 목표수익률보다 낮은 수준에서 손절매 라인을 잡는 것이 현명하다고 할 수 있겠다. 만약 목표수익률이 10%라 하면 손절매 라인을 -5% 수준으로 정해서 매매를 할 경우 수익이 나면 10%, 손실이 나면 5%이니 반반의 확률이라 할 경우 나쁘지 않는 거래인 것이다.

## 세 번째 전략은 종목을 자주 바꾸지 말라는 것이다.

투자의 귀재 워렌 버핏은 투자를 하면 최소 수년간 종목을 보유하기로 유명하다. 말 그대로 장기투자자이다. 그런데 주변에 주식투자를 통해 수익을 내려는 경우 짧은 시간에 수익을 내기를 원하는 이가 많다. 하지만 짧은 시간에 수익을 내겠다는 자체가 지키는 투자의 원칙을 깨는 행동이다. 주식 매매를 자주하는 데이트레이더나 스캘퍼 등의 주식투자 성공확률이 낮은 이유는 확률의 함정 때문이다.

## 확률 함정은 똑같은 확률로 매매를 한다고 하더라도 자주 매매하면 결국 수익 확률이 0에 가까워진다는 것이다.

정말 투자 능력이 뛰어나 성공할 확률이 90%라고 가정해 보자. 이 투자자가 연속 두 번 투자해서 성공할 확률은 90×90인 81%이다. 만약 세 번 연속 성공할 확률은 73%이고 이걸 여러 번 하면 손실을 볼 수밖에 없게 된다.

## 지키는 투자 원칙 3가지를 정확히 이해해서 주식이라는 유용한 도구를 잘 사용하길 바란다.

# 좋은 주식 찾기

## 전설적인 투자 고수

### 주식을 선택할 때 전문가에게 맡기는 것이 좋을까요?
### 아니면 본인이 직접 운용하는 것이 좋을까요?

많은 사람들이 [어떤 전문가에게 맡기느냐에 따라 다르다]라고 대답할 것이다. 만약 아주 뛰어난 전문가에게 맡기면 나는 주식에 대해서 잘 몰라도 되는 것일까?

미국의 투자 귀재인 피터 린치는 1977년부터 1990년까지 마젤란펀드를 운영하면서 2700%라는 경이적인 수익률을 달성하였다. 매년 30% 넘는 수익률을 달성했는데, 피터 린치는 자신의 은퇴식 때 마젤란 펀드에 투자한 사람 절반 이상이 손실을 봤다고 대답했다.

**2700%라는 경이적인 수익률을 달성한 펀드에 투자를 했는데도 손실을 봤다고 하면 그 책임은 누구에게 있는 것인가?**

아무리 유능한 투자전문가에게 맡겼다 하더라도 비싸게 사서 싸게 팔면 손해를 보게 되어 있다. 아마 이 펀드에 투자한 대부분은 투자에 대해서 잘 모르는 사람이었을 가능성이 높다. 결국 아무리 유능한 펀드매니저에게 펀드 운용을 맡기더라도 본인의 투자 철학 및 지식이 없으면 손실을 볼 수 있다는 것을 알아야 한다.

# 그러면 좋은 주식을 찾는 방법에는 어떤 것이 있을까?

여러 주식 관련 지표 중 대표적인 3가지를 이야기하겠다.

**첫 번째** PER(주가수익비율)
**두 번째** PBR(주가순자산비율)
**세 번째** ROE(자기자본수익률)

**첫 번째** 성장성을 나타내는 'PER'은 주가수익비율이다.

주가를 주당순이익으로 나누는 지표인데 만약 주식가격이 1만원이고 주당 순이익이 1천원이라고 하면, 이 경우 PER은 10배가 된다. 'PER 10배'란 말은 주식에 1만원 투자했는데 매년 1천원씩 수익이 발생한다는 말이고 자신이 투자한 금액을 이익으로 회수할 수 있는 기간은 10년이 소요된다는 것이다. 만약 PER이 5배라 하면 투자한 금액을 이자로 회수할 수 있는 기간은 5년이라는 뜻이다. 따라서 이론상 PER이 낮은 저PER 주가는 좋은 주식이라 할 수 있고, 보통 PER이 10배 미만일 경우 좋은 주식으로 생각할 수 있다.

**두 번째** 자산가치를 나타내는 주가순자산비율 PBR은 주식가격을 주당 순자산 가격으로 나눈 지표이다.

만약 주가가 1만원이고 주당 순자산이 1만원이라고 하면, 이 경우 PBR은 1배가 된다. 일반적으로 주식가치에는 유형자산가치와 무형자산가치가 합산되므로 자산 대비 주식가격이 높아야 정상적인 것이라고 볼 수 있는데 시장 악재 등으로 주가가 많이 하락하여 PBR이 1배 미만이라고 하면 주가가 자산가치 대비 저렴하다고 판단할 수 있다.

# 좋은 주식 찾기

**세 번째** 수익성을 나타내는 지표는 ROE로, 자기자본수익률이다.

주식을 투자하면서 기대수익률이 10%라고 할 때 ROE가 10%인 주식을 찾으면 된다. ROE는 실제 발생한 수익률로서 ROE가 높을수록 좋은 성과를 낸 기업이라고 할 수 있다.

이렇게 PER, PBR, ROE를 통해서 좋은 주식을 찾을 수 있는데, 필자는

## PER 10배 미만, PBR 1배 미만, ROE 10% 이상인 기업을 선호하는 편이다.

**필자는 세 가지 조건을 다 충족하는 주식일수록 좋은 주식이라 평가한다.**

관련 지표는 증권회사 HTS(홈트레이닝시스템)나 에프엔가이드 상장기업분석 홈페이지를 통해서 확인할 수 있다.

1. 정부의 독점허가  ex) 전력사업, 도시가스업, 수도사업, 방송업
2. 장기적인 특허권과 저작권  ex) 음반, 신약, 기술료
3. 어떤 지속적인 우위에서 나온 비용상의 이점  ex) 시멘트사업, 이마트
4. 고객의 기호와 습관  ex) 신라면, 담배, 박카스, 초코파이
5. 높은 시장점유율 덕분에 생긴 규모의 경제  ex) 박리다매 제품
6. 4번과 5번이 결합한 형태의 가장 강력한 프랜차이즈

## 1. 시장 지배력(프랜차이즈 밸류)

배당주를 선택해야 하는 이유

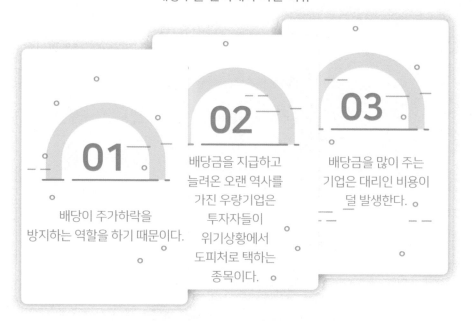

**01**

배당이 주가하락을
방지하는 역할을 하기 때문이다.

**02**

배당금을 지급하고
늘려온 오랜 역사를
가진 우량기업은
투자자들이
위기상황에서
도피처로 택하는
종목이다.

**03**

배당금을 많이 주는
기업은 대리인 비용이
덜 발생한다.

## 2. 가치투자자들은 배당을 좋아한다

손수건 가운데를 잡고 들어올리면 가운데만 가장
많이 올라온다. **주식도 이와 마찬가지이다.**
그 업종이 어떤 뉴스로 인해 상승하게 되면 그
업계 대장주 위주로 상승하는데 사람들은 많이
오른 종목을 사는 것을 꺼려 하고 상대적으로 안
오른 종목을 선택하려고 한다.
하지만 대장주만 많이 더 많이 상승하게 되고 2위,
3위 업체들의 상승은 대체로 적은 편이다.

## 3. 손수건 이론(대대주 매매)

# 아주 쉬운 기술적 분석

O 매집: 주가가 움직이기 전 모습을 하단 부분에서 큰 변동 없이 움직이는 모습을 보임

O 상승: 주가가 우상향하면서 꾸준히 오르는 모습을 보임

O 과열: 상승 이후 매우 가파르게 상승하는 모습. 투기심리가 붙는 시기임

O 분산: 과열 이후 주가가 하락 반전하는 모습. 몇 번의 페이크가 발생하기도 함

O 공포: 급격히 하락하는 모습. 불안심리가 반영됨

O 침체: 매집과 비슷한 모습으로 투자자들이 주식을 포기하는 심리로 거래량도 많이 줄어듦

## 모든 경기는 순환한다.
## 경기 심리를 파악하여 투자 여부를 결정한다!

## 1. 심리 분석

잘생긴 주식

장대양봉
망치형
이중바닥

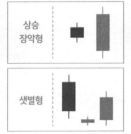

상승
장악형

샛별형

못생긴 주식

장대음봉
헤드앤숄더
까마귀형

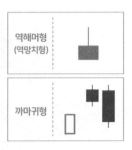

역해머형
(역망치형)

까마귀형

## 2. 패턴 분석

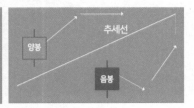

| 5일선 | 5개 일봉의 평균 점을 연결한 선 (1주일 평균) |
| 20일선 | 20개 일봉의 평균 점을 연결한 선 (1달선) |
| 200일선 | 200개의 일봉의 평균 점을 연결한 선 (1년선) |

추세선

양봉

음봉

## 3. 추세 분석

주식투자를 할 경우 PER, PBR, ROE 등을 통해 기업의 가치를 평가하고 저평가 여부를 판단하는 것을 기본적 분석이라 한다. 그런데 기본적 분석을 아무리 잘했다 하더라도 주식을 매입한 이후로 주가가 하락하면 손해를 보게 된다. 그만큼 주식을 언제 사는지도 매우 중요한데 기본적 분석 이후 주식의

## 매매 타이밍을 잡을 때는 기술적 분석이 필요하다.

기술적 분석은 내용이 상당히 많지만 이 책을 통해 간단하면서 중요한 내용을 설명하고자 한다.

기술적 분석을 크게 심리분석, 패턴 및 캔들 분석, 추세분석으로 나눌 수 있다. 필자는 기술적 분석을 심•패•추생술이라 부른다. 심•패•추생술을 알면 응급환자에게 위기 시 매우 중요한 심폐소생술처럼 투자자들의 주식 운영에 매우 중요하게 작용할 것이라고 생각하기 때문이다.

## 심리 분석은 앞서 기본적 분석에서도 말했듯이 제로섬 게임을 잘 이해해야 한다.

다우이론에 따르면 시장국면은 순환하는데 순환하는 시기를 심리적으로 분석해 보면 매집, 상승, 과열, 분산, 공포, 침체 6단계로 구분한다. 일반 투자자가 주로 투자한 시기를 살펴보면 과열 국면에서 매수하였고 주로 환매 및 매도한 시기를 살펴보면 공포 시기에 매도한다. 일반 투자자들이 주식을 하면 손해를 보는 이유가 여기에 있다. 많은 사람들이 투자하지 않을 때 매수를 고려해야 하며 많은 사람들이 투자할 때 매도를 고려해야 한다.

## 패턴 분석은 잘생긴 주식과 못생긴주식을 이해하는 것이다.

누가 봐도 잘생긴 주식 차트가 출현하면 주식이 반등할 가능성이 높아진다. 그런데 이런 차트를 알지 못하면 출현하더라도 주식을 사야 하는지 감이 안 설 수도 있다. 잘생긴 차트들은 상승 장악형, 샛별형, 망치형, 삼중바닥 패턴 등 종류가 다양하다.

## 추세 분석은 말 그대로 시장 추세를 이해하는 것이다.

주인이 여러 마리 개들과 산책한다고 가정해 보자. 개들이 산책하는데 기분이 좋아 이리저리 마음대로 돌아다니는 것처럼 보이지만 결국은 개들의 목에는 목줄이 걸려 있고, 개들은 주인이 가는 방향대로 가게 되어 있다. 추세라는 것이 결국 이런 것이다. 따라서 추세를 파악하는 것이 매우 중요하다. 시장 추세가 하락세인데 주식을 투자하는 것은 결국 밑 빠진 독에 물 붓기가 된다. 시장 추세가 상승세인지 하락세인지 보합세인지 파악해야 하는데, 추세를 이해하려면 이동평균선을 알아야 한다. 이동평균선은 각 일봉차트를 연결한 선으로 5개 일봉차트를 연결한 선을 5일 이동평균선, 20개 일봉차트를 연결한 선을 20일 이동평균선, 200개 이동평균선을 연결한 선을 200일 이동평균선이라 한다. 5일 이동평균선은 일주일 추세를 파악할 수 있으며, 20일은 한 달 추세, 200일은 일 년 추세를 파악할 수 있다.

# 채권의 이해

펀드 및 변액보험 등 투자상품을 운영할 때 대표적인 투자상품은 주식과 채권으로 나뉜다. 따라서 채권이 어떻게 운용되는지 이해하는 것은 투자상품 관리에 있어 매우 중요하다.

**채권은 운용하는 정부, 공공단체, 기업 등이 비교적 거액의 자금을 일시에 조달하기 위한 차용증서이다.** 기업에 자금이 필요하면 채권과 주식을 발행하여 회사 자금을 확보할 수 있다. 회계 용어로 주식을 통해 유입된 자금은 자기자본이라 하고 채권발행을 통해 유입된 자금을 타인자본(부채)이라 한다.

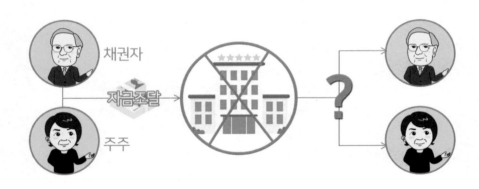

## 기업의 자금 조달 방법

그런데 만약 기업이 어려움에 처해 도산 위기에 직면했다면 기업의 남은 자금은 채권자와 주주, 둘 중 누구에게 먼저 상환해야 할까? **정답은 채권자이다.** 채권자는 말 그대로 채무를 변제해야 하는 대상이고 주주는 그 회사의 주인이기 때문이다. 종합해 보면 채권은 주식보다 먼저 채무 변제 의무를 가지므로 투자자가 가질 수 있는 발행 주체의 채권 및 주식을 비교해 보면 채권이 주식보다 상대적으로 안전한 투자상품이라고 볼 수 있다.

그렇다고 모든 채권이
주식보다 안전하다고 이야기하긴 어렵다.

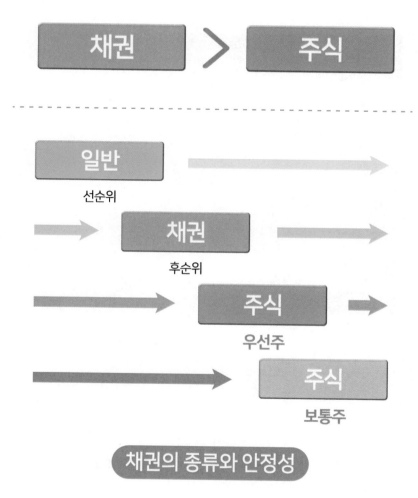

채권의 종류와 안정성

채권도 종류에 따라 안정성이 나뉘어지는데, 일반적으로 채무 상환 조건에 따라 선순위채권과
후순위채권으로 변제 순위를 나눌 수 있다. 특히 금융기관이 자본 확충을 위해 후순위채권 발행을
주로 하는데, 후순위채권은 선순위채권보다 채무상환을 늦게 진행하다 보니 선순위채권보다 이자율
은 높은 반면 위험도도 같이 높아진다.

# 채권의 이해

| | 신용등급 | 정의 |
|---|---|---|
| **투자등급** | AAA | 원리금 지급능력이 최고 수준임 |
| | AA+ / AA / AA- | 원리금 지급능력이 매우 우수하지만, AAA등급보다 다소 낮음 |
| | A+ / A / A- | 원리금 지급 능력이 우수하지만, 상위등급보다 장래의 환경변화에 따라 영향을 받기 쉬움 |
| | BBB+ / BBB / BBB- | 원리금 지급 능력이 양호하지만, 장래의 환경변화에 따라 낮아질 가능성이 있음 |
| **투기등급** | BB+ / BB / BB- | 원리금 지급능력에 당장 문제는 없으나, 장래 안정성 면에서는 투기적인 요소가 내포되어 있음 |
| | B+ / B / B- | 원리금 지급능력이 부족해 투기적임 |
| | CCC | 원리금 지급능력에 불안요소가 있으며 채무불이행 가능성이 있음 |
| | CC | 원리금 지급능력에 불안요소가 있으며 채무불이행 가능성이 매우 있음 |
| | C | 원리금 지급능력에 불안요소가 있으며 채무불이행 가능성이 있음 |
| - | D | 현재 원리금 상환 불능상태임 |

## 채권의 신용등급

채권은 발행 주체에 따라 이름을 정한다. 국가에서 발행하면 '국채', 국가나 공기업에서 발행하면 '국공채', 회사에서 발행하면 '회사채'라고 한다. 발행 주체의 신용등급에 따라 위험 등급이 나눠진다. 개인의 신용등급과 비슷하다고 이해하면 된다. 개인의 신용등급에서 1-4등급은 양호한 편이며 5-6 등급은 단기 연체 경험 및 저신용 업체 거래 내용이 있는 경우이고, 7-10등급은 저신용 업체 거래가 많으며 부실화 가능성이 매우 높은 수준으로 구분한다.

채권도 개인신용등급과 비슷하게 10가지 신용등급으로 구분된다. 크게 AAA부터 D까지의 신용등급으로 나뉜다. AAA에서 BBB등급까지를 투자등급이라 하여 투자해도 괜찮은 수준으로 구분하고 BB~D등급을 투기 등급으로 나누어 투자할 경우 높은 위험이 따르는 수준으로 구분하였다. 따라서 채권의 신용등급을 살펴보면 회사의 안정성을 판단할 수 있다.

**채권의 수익률은 확정이자 수익률과 매매차익 수익률로 나뉘어진다.**

확정이자 수익률은 만기까지 보유했을 경우 발행 주체와 사전 약정된 확정 수익률이다(표면 이자율).
매매차익 수익률은 금리 변동 및 회사 운영 리스크 때문에 발생할 수 있는 수익률이다.

채권에 투자하면서 손실을 볼 가능성이 생기는 것은
매매차익 수익률 때문이다.

# 채권의 수익 = 확정이자 + 매매차익

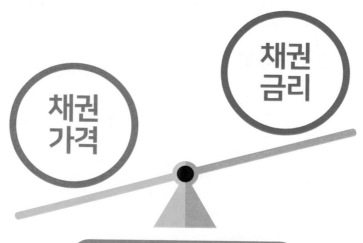

채권가격과 채권금리 관계

금리 상승과 하락 여부에 따라 매매차익이 발생할 수도 있고 매매손실이 발생할 수도 있다. 주로 금리
하락 시 채권에는 매매차익이 발생한다. 이유는 '이기는 투자' 챕터에서도 언급한 것처럼 채권금리와
채권가격이 역(-)의 상관관계를 가지고 있기 때문이다.

**따라서 금리 상승기보다 금리 하락기에 채권에 투자하면
매매차익이 발생하여 채권투자가 유리할 수 있다.**

# 좋은 펀드 찾기

'펀드'의 사전적 정의는 '주식이나 채권 파생상품 등 유가증권에 투자하기 위해 조성되는 투자자금'이다.

| 직접투자 | 간접투자 |
|---|---|
| 본인이 직접 운용 | 전문가가 운용 |
| 수수료 없음 | 수수료 발생 |
| 개방적 상품 운용 | 제한적 상품 운용 |

직접 투자 VS. 간접 투자

쉽게 설명하면 펀드는 직접 투자하지 않고 펀드운용사에 위탁하여 간접 투자하는 방식이며 대표적으로 채권형펀드와 주식형펀드가 있다.

펀드는 주식과 달리 직접 투자를 하지 않고 펀드 운용사에 위탁하여 간접 투자하는 방식이다. 현재 수천 가지의 펀드들이 있는데 어떤 펀드들이 좋은지 파악하기가 쉽지가 않다. 현재 우리나라의 펀드 분석 사이트로는 제로인의 펀드닥터와 모닝스타 코리아가 대표적이다. 회원가입을 하면 무료로 펀드 자료를 살펴볼 수 있다. 그럼 펀드를 분석할 때 어떤 지표를 살펴봐야 하는지 알아보자.

펀드 분석 사이트

# A, B, C 투자상품이 있을 때
## 어떤 투자상품을 선택하는 것이 가장 현명한 것일까?

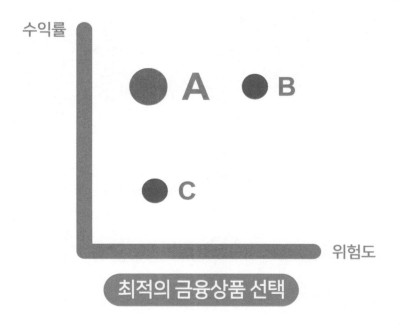

## 정답은 A이다.

위험은 낮으면서 수익률이 높은 펀드를 선택해야 하는 것이다. 펀드상품도 투자를 고려할 경우 수익률과 위험에 대해서 이해해야 한다. 같은 위험도 수준에서 높은 수익률을 추구하고 같은 수익률에서 낮은 위험을 추구한다. 펀드상품을 분석하면 위험이라고 표시하지 않고 표준편차라는 말을 쓴다. 표준편차는 통계에서 나온 용어로서 용어 그대로 변동성을 의미한다.

## 따라서 위험을 의미하는 '변동성'이 작은 펀드를 선택하는 것이 좋다.

## 좋은 펀드 찾기

|  | 펀드수익률 | 주가지수 수익률 | 평가 |
|---|---|---|---|
| 2X10년 | 5% | 30% | BAD |
| 2X19년 | 5% | 0% | GOOD |

벤치마크: 펀드의 기준이 되는 지표 또는 주가지수          젠센알파: 시장 대비 펀드수익률

### 벤치마크, 젠센알파

펀드 운용을 했는데 펀드수익률이 2X10년도, 2X19년에 동일하게 5%가 발생했다고 가정해 보자. 각각의 운용 기간 동안 동일한 수익률이 발생했지만, 운용을 잘했는지 못했는지 여부는 펀드의 지표(벤치마킹)가 되는 코스피시장 수익률에 따라 달라진다. 2X10년도 코스피 수익률이 30%였고 2X19년도 수익률이 0%이었다고 하면 [2X10년도 펀드는 운영을 잘하지 못했고 2X19년도 펀드는 운영을 잘했다]라고 판단할 수 있다. 시장 대비 초과 수익률을 달성했느냐 못했느냐로 펀드의 운영 결과를 살펴보는 지표가 젠센알파이다. 그러므로 같은 수익률이라 해도 시장상황에 따라 평가 기준이 달라진다.

베타

시장의 민감도를 보는 지표가 있는데 그 지표 이름은 베타이다.

베타는 주식시장하고 얼마나 민감하게 움직이는지를 나타내는 지표인데 베타가 1에 가까울수록 시장에 민감함을 나타낸다. 반대로 −1인 경우 시장과 반대로 움직이는 것이며 베타가 0인 경우 시장과 상관없이 움직이는 펀드를 의미한다. 시장이 상승기일 때는 베타가 1에 가까운 펀드를 선택하는 것이 좋고, 시장이 좋지 않을 때는 베타가 0 또는 −1에 가까운 펀드를 선택하는 것이 좋다.

위험과 수익률, 베타 지표를 알아봤는데 이런 어려운 내용을 담고 있는 한 지표가 있다. 이 지표를 통해 운영을 잘하고 있는지 못하고 있는지 한 번에 판단할 수 있다. 바로 **샤프지수**이다.

샤프지수란 시장의 초과 수익률을 위험으로 나눈 지표로서 시장 대비 초과 수익을 달성하면 0 이상의 수치가 표시된다.

$$\frac{알파}{위험} > \begin{matrix} 0 & \text{Good} \\ 1 & \text{Excellent} \\ 2 & \text{Best} \end{matrix}$$

샤프지수

샤프지수는 얼마 이상이면 좋다라고 기준을 정하기가 쉽지 않지만 필자는 0 이상이면 좋은 펀드이고 1 이상이면 매우 좋은 펀드, 2 이상이면 최상의 펀드라고 구분하고 있다.

| | 펀드 수익률 | 시장 수익률 | 초과수익률 (알파) | 위험 (표준편차) | 베타 | 샤프지수 |
|---|---|---|---|---|---|---|
| 1 | 15% | 3% | 12% | 12% | 0.9 | 1 |
| 2 | 13% | 3% | 10% | 5% | 0.3 | 2 |
| 3 | 6% | 3% | 3% | 6% | 0.7 | 0.8 |

좋은 펀드 찾기

위의 표에서 좋은 펀드는 몇 번일까? **정답은 2번이다.**

펀드수익률은 1번이 가장 높았지만 위험 대비 수익률이 높은 펀드는 2번이다. 여러 지표를 살펴봐야 하겠지만 샤프지수를 파악하면 쉽게 좋은 펀드를 선택할 수 있다.

## 왜 변액보험인가?

《타임》지 표지

우리들은 현재 100세 시대에 살고 있다. 한 가수를 통해 100세 인생에 대해서 온 국민이 생각하게 되었고 구글 및 삼성그룹에서 100세 시대를 준비하는 사업을 진행하고 있다. 지난 2015년 《타임》지는 메인에 지금 태어난 아기가 142살까지 산다는 기사를 실었다.

### '100세 시대가 열릴까?'

라고 의심하는 사람이 거의 없을 정도이다. 최근 생명과학자들과 미래학자들이 가장 주목하는 벌레는 '예쁜꼬마선충(C.elegans)'이다. 프린스턴 대학과 한국 연구팀이 공동으로 예쁜꼬마선충의 노화에 따른 운동성 저하를 측정해 남은 건강 수명을 예측하는 방법을 찾아냈다. 또 인간 유전자와 50%가 일치하는 예쁜꼬마선충의 연구에서 노화와 수명 조절에 중요한 역할을 하는 새 효소를 발견했고, 유전자 조작을 통해 수명을 18% 늘리는 연구에 성공했다.

### 쉽게 말해 유전자 조작을 통해 수명을 늘리는 일이 가능해졌다는 것이다.

현재 평균 수명이 80세(남자 81세 여자 86세)인데, 20% 수명이 연장되면 100세 가까이 살게 되는 것이다. 100세 시대를 살게 되면서 여러 환경들도 변했지만 가장 중요한 건 질병이 늘고 노후자금 준비에 대한 부담도 같이 늘어났다는 점이다.

### 질병 이야기는 '보장' 파트에서 자세히 하겠다.
노후자금 문제에 대해서 심각하게 고민해야 한다.

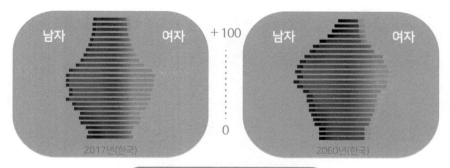

## 한국의 인구구조 변화

우리나라는 2017년에 '고령사회'에 진입하였다. 65세 인구가 14% 이상일 경우 '고령사회'라고 하는데 일본은 우리나라보다 20년이나 앞선 1994년에 고령사회에 진입하였고 지금은 65세 인구가 20%가 넘는 '초고령사회'이다.

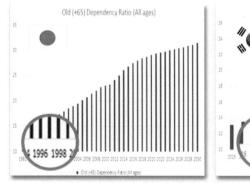

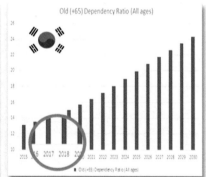

## 노령화 지수로 본 일본과 한국

일본을 살펴보면
우리나라의 미래 모습을 어느 정도 예견할 수 있다.

최근에는 생필품 판매 업체들이 많이 생겨나고 있으며, 편의점에서 일반의료품목을 구매할 수 있게 되었다. 이는 일본의 예전 모습과 많이 흡사하다. 노인들이 백화점보다는 저렴한 생필품 업체를 많이 찾았고, 24시간 운영하는 편의점에서 쉽게 일반의료품목을 구입하는 것을 선호했기 때문에 이런 업체들이 많이 생겨났다.

# 왜 변액보험인가?

변액은 사업비가 너무 크다

변액은 수익이 안 난다

## 변액상품의 오해

일본은 노후대책에 대해서도 아주 준비가 잘되어 있다. 누구나 잘 알다시피 일본은 세계 3위 수준의 부유한 국가이다. 연금 수령 시 소득대체율이 50% 수준이다. 소득대체율은 은퇴 후 연금으로 받는 금액이 소득 기간 발생하는 금액 대비 얼만큼 차이가 나는지 나타내는 지표로서 노후 복지 수준을 판가름할 수 있는 기준이 되기도 한다. 일부 유럽국가는 소득대체율이 80%를 넘어 국가 재정위기를 가져온 적도 있는데 적정한 소득대체율에 대한 논의는 많지만 최소 50% 수준을 권장하고 있는 상황이다. 일본은 소득대체율 50% 상황에서도 개인연금 가입을 국가적으로 장려하고 있다. 우리나라는 현재 40%의 소득대체율을 지향하지만 실제 32% 수준으로 아주 낮은 상태이며 개인연금 가입 시 세제혜택을 주는 등 다양한 조치를 취하고 있지만 개인연금 마련을 잘하지 못하는 실정이다. 노인 선배(?) 국가인 일본을 살펴보면 당연히 연금 준비를 잘해야 하는데 왜 하지 못하는 것일까?

## 변액상품 3개의 기간

| 적립기간 | 수익기간 | 수령기간 |
|---|---|---|

▷ 적립기간: 사업비가 차감되는 기간. 운용수익률에 따라 원금에 도달하는 시간이 변한다.
▷ 수익기간: 사업비가 거의 없는 기간 & 비과세를 적용받는 기간. 수익을 본격적으로 낼 수 있는 구간이다.
▷ 수령기간: 수익기간에 따라 받을 수 있는 금액은 달라진다.

## 변액상품 기간

| 적립기간 | | 수익기간 | |
|---|---|---|---|

**적립금 1번 과세**

적립금 30만원 운용시 (10% 사업비, 10% 수익률 가정)

**총 적립금 비과세**

| 10년 수익 360만원 | 1년 수익 360만원 |
|---|---|
| 10년 사업비 360만원 | 사업비 X<br>상품마다 차이가 있을 수 있다. |
| 실 수령액 없음 | 실 수령액 360만원 |

수익 기간에 비과세 및 사업비 축소로 인해 모든 보상을 다 돌려 받는다.

## 변액보험의 사업비 이해

| 회차 | 1회 | 2회 | 3회 | 4회 | 5회 | 6회 | 7회 | 8회 |
|---|---|---|---|---|---|---|---|---|
| 시행 시기 | 1989.~1991. | 1992.~1996. | 1997.~2002. | 2002.~2005. | 2006.~2009.9. | 2009.9.~ | 2012.7.~ | 2015.4.~ |
| 남자 | 65.7세 | 67.1세 | 68.4세 | 7.23세 | 76.4세 | 78.5세 | 80세 | 81.4세 |
| 여자 | 75.5세 | 76.8세 | 78세 | 80.9세 | 84.4세 | 85.3세 | 85.9세 | 86.7세 |

### 노후를 준비하기 가장 좋은 금융상품은 무엇일까?

1. 기본적으로 연금 금액이 많이 나와야 한다.
2. 연금 기간이 100세 또는 종신이어야 한다.
3. 노후자금이니 안전하게 운용되어야 한다.

## 이 모든 조건을 갖춘 상품이 변액(연금)보험이다.

현재 생명보험회사에서 판매하는 연금 관련 상품은 경험생명표를 기준으로 연금 금액을 결정한다. 경험생명표는 생명보험회사에서 사용하는 평균수명과 같은 개념으로, 영아 사망 및 현재 수준의 평균수명이므로 생각보다 높은 기준이 아니다. 남자 기준으로 80세 경험생명표를 적용한다고 하면 연금 수령 시 80세까지 생존한다고 가정하고 연금 금액을 지급하는데 실제로 더 오래 살면 살수록 연금 가입자는 더 많은 혜택을 볼 수 있다.

그리고 생명보험 상품의 큰 특징은 연금 수령 시 종신형으로 선택할 수 있다는 것이다. 종신형으로 선택하면 죽을 때까지 연금액이 지급되기 때문에 오래 사는 경우의 리스크를 줄일 수 있다. 노후자금을 안전하게 운용하는 방법은 변액보험의 옵션기능을 활용하면 되는데 관련 내용은 다음 파트에서 설명하겠다.

# 변액보험의 옵션기능

1) 주기: 3,6,12개월 중 선택  2) 연 4회까지 신청 및 취소 가능

C 펀드 20%
B 펀드 30%
A 펀드 50%

C 펀드 10%
B 펀드 20%
A 펀드 70%

C 펀드 20%
B 펀드 30%
A 펀드 50%

## 자동재배분기능

Claude Elwood Shannon

John Larry Kelly, Jr

Edward O. Thorp

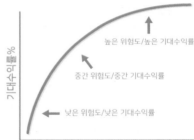

기대수익률 %

높은 위험도/높은 기대수익률

중간 위험도/중간 기대수익률

낮은 위험도/낮은 기대수익률

위험도 %(표준편차)

수익은 극대화하면서 위험은 최소화하는 포트폴리오를 구성하는 과정을 설명하는 이론이다. 포트폴리오 선택, 자산선택의 이론, 증권선호 이론이라고도 한다. 이 이론은 포트폴리오의 기대수익률과 위험도를 구하는 것에서 출발하며 주식 채권의 자산으로 구성된 포트폴리오가 있을 때, 최적의 포트폴리오 비율을 구할 수 있다.

$$f_-^* = \frac{bp-q}{b} = \frac{p(b+1)-1}{b}$$

## 켈리 이론

## 포트폴리오 이론

변액보험만이 가지고 있는 기능으로는 자동재배분기능과 최저보증옵션기능, 중도인출 및 추가납입이 있다. 옵션기능을 잘 활용하면 소중한 장기 목적 자금을 안전하게 운용할 수 있다.

먼저 자동재배분기능은 계약자 적립금에서 고객이 정한 주기에 따라 자동적으로 주식과 채권 펀드비율을 나누어 주는 기능이다. 짧게는 3개월 길게는 1년마다 주식과 채권 비율을 자동적으로 변경함으로써 수익이 났을 경우 주식은 안전한 채권으로 변경할 수 있으며, 손해가 났을 경우 채권의 일부를 주식으로 전환함으로써 수익을 추구할 수 있는 기능이다. 자동재배분을 할 때 고려해야 하는 상황은 두 가지로,

## 주식 채권 편입비율과 주식 채권 변경주기이다.

먼저 주식 채권 편입 비율은 본인의 투자 성향 및 시장상황에 따라 결정할 수 있지만 마코위츠 포트폴리오 이론 및 켈리 이론 등 수십 년간 시장에서 검증된 주식과 채권의 황금 비율은 6 대 4이다. 자동재배분의 적정한 변경 주기는 상황에 따라 다를 수 있다.

## 변경 주기보다 언제 자동재배분을 설정하면 좋을까?

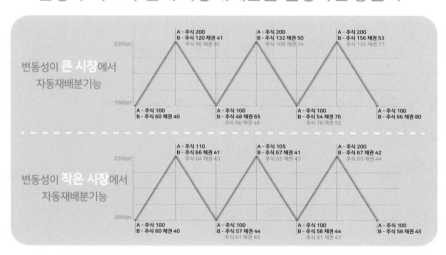

시장의 변동성이 큰 시장과 작은 시장이 있다고 가정하고 자동재배분기능 시뮬레이션을 해보겠다. 첫 번째 변동성이 큰 시장에서 자동재배분을 할 경우 지수가 등락을 거듭하다 결국 처음 시작한 지수에서 환매할 경우 수익이 나는 것을 볼 수 있다. 첫 번째와 달리 두 번째 변동성이 작은 시장의 경우 자동재배분기능 효과는 크지 않음을 볼 수 있다. 따라서 자동재배분기능은 변동성이 큰 시장에서 설정하면 수익을 얻을 수 있다.

# 변액보험의 옵션기능

| | |
|---|---|
| **G M D B** | 최저 사망 보험금 |
| **G M W B** | 최저 지급 금액 보장 |
| **G M A B** | 최저 원금 보장 |
| **G M I B** | 최저 연금 보증 이율 |

## 변액보험의 보증 옵션

두 번째 변액보험 기능은 **최저보증옵션기능**이다. 최저보증옵션은 크게 4가지로 GMDB, GMWB, GMAB, GMIB 등이 있다. Guarantee(G), Minimum(M), Base(B)는 최소 보장을 해준다는 의미이며 그 사이에 들어가는 **D, W, A, I**에 따라 보증되는 내용이 달라진다.

**GMDB**는 최저 사망 보험금을 변액수익률과 상관없이 보증해주는 것이다.

**GMAB**는 최저 원금을 보증해주는 기능이다.

**GMAB**는 원금 보증 옵션으로 아무리 수익률이 하락하더라도 연금 개시 때는 최소 납입금을 보증해주는 기능이다. 일반적인 변액연금 상품에 포함되어 있는 기능으로 아무리 공격적인 펀드를 운영하더라도 손실을 보지 않기에 방어적인 펀드 운영보다는 공격적인 펀드 운영이 효과적일 수 있다.

**GMIB**는 잉여 이익 적립 기간 동안 시장상황에 관계없이 매년 일정한 최저 수익률을 보장해 주는 것이다. 다만 두 가지 조건을 충족해야 한다. 우선 보통 10년 정도의 최소한 잉여 이익 적립 기간을 대기 기간으로 설정해야 한다.

변액 보장성인 경우 일반적으로 GMDB, 즉 사망 보험금을 보증해주며, 변액 저축성 상품 중 변액연금은 일반적으로 GMAB 원금을 보증해주고 있다.

| 변액 보장성 상품 | 변액 저축성 상품 |
|---|---|
| 100% | 200% |

## 상품별 추가납입 한도

최초 설정 시 기준가는 1,000원이다. 현재 기준가 1,500원이면 최초 대비 50% 오른 것이다. → **기준가 X 좌수** ← 기준가가 1,000원일 때 매수한 금액만큼 좌수가 저렴해진다.

$$\frac{기준가 \times 좌수}{1,000}$$

## 변액보험 가격 계산

$$\frac{기준가 \times 좌수}{1,000}$$

| 투입금액 | 1,000 | 1,000 | 1,000 | 1,000 | 환매 |
|---|---|---|---|---|---|
| 기준가 | 1000 | 800 | 600 | 800 | |
| 수량 | 1,000 | 1,200 | 1,400 | 1,200 | |

시장이 안 좋을 때는 기준 가격이 처음 살 때보다 오른 적이 없지만 안 좋을 때 계속 사 모아서 수량을 늘려 놓는다. 1,000원일때 5번 사서 5,000개를 모으기보다 이 방법을 적용하면 800개를 더 사모을 수 있다.

$$\frac{기준가 \times 좌수}{1,000}$$

| 투입금액 | 환매 | 1,000 | 1,000 | 1,000 | 환매 |
|---|---|---|---|---|---|
| 기준가 | | 1,000 | 1,200 | 1,000 | |
| 수량 | | 1,000 | 800 | 1,000 | |

처음 기준가 1,000원에 샀던 것을 1,200원, 1,400원 될 때 하나씩 정리해가면서 수익률을 확장시킨다.

## 시장상황에 따른 전략

마지막 변액보험의 기능은 추가납입과 중도인출이다.

보장성인 경우 추가납입은 일반적으로 납입금의 1배, 저축성인 경우 2배까지 할 수 있으며, 추가납입에 대한 납입 수수료는 거의 없기 때문에 시장상황에 따라 추가납입과 중도인출 기능을 활용하면 좋다. 변액보험은 일반 주식형 상품만큼 공격적으로 운용할 수 없는 단점이 있다. 왜냐하면 장기 저축성 목적으로 자금 안정성을 지키기 위해 의무 채권 편입을 해야 하기 때문이다. 따라서 공격적으로 자금을 운용해야 하는 경우라면 자금을 중도인출해서 운용하다가 운용 이후 자금을 다시 추가납입하면 된다.

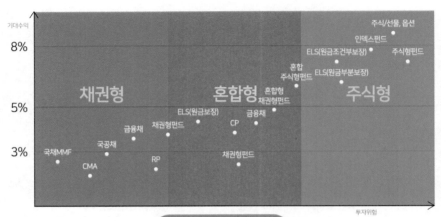

투자 상품 유형

'지키는 투자' 챕터에서도 설명했듯이 투자 전 반드시 세워야 하는 계획 중 하나는 **목표수익률**이다. 목표수익률을 정해야 어떤 방법으로 투자를 할지 전략과 전술을 세울 수 있다. 그렇다고 너무 높은 수익률을 정하면 적절한 전략을 세울 수도 없다. 적당한 수익률이 필요한데 각 금융상품마다 적정 수익률은 다음과 같다.

**채권형**은 현재 기준금리에서 1%를 더한 수익률, 주식형은 시장 PER의 역수가 목표수익률이 된다. 만약 기준금리가 1.75%라 하면 채권형펀드 목표수익률은 2.75%가 되고 코스피지수 PER(주가수익 비율)이 12배라고 하면 목표수익률은 8%가 된다.

변액보험은 상품 종류별로 분류하면 보장성 상품에 **변액CI, 변액종신, 변액연금, 변액유니버셜**로 구분할 수 있다.

**변액CI 보험**은 보장성 상품으로 보험사별로 상품 차이가 있을 수 있지만 주로 채권 의무 편입 비율이 50% 이상 되고, 나머지 펀드도 혼합형펀드로 운용을 한다. 혼합형펀드는 주식과 채권을 혼합한 펀드로서 혼합형펀드가 50%라 하는 것은 채권 25%, 주식 25%로 운용하는 것으로 이해하면 된다. 따라서 변액CI 보험은 기본적으로 **채권이 75% 이상 들어가는 채권형펀드** 상품이다. 변액CI 보험을 가지고 목표수익률 10%를 달성하는 것은 무리가 있다.

| | |
|---|---|
| **변액CI** | **채권형펀드**<br>채권50% 의무편입, 혼합주 펀드 나머지 50% |
| **변액종신<br>변액연금** | **혼합형펀드**<br>채권30% 의무편입, 혼합주 펀드 나머지 70% |
| **변액<br>유니버셜** | **주식형펀드**<br>최고 주식형 펀드 100% |

## 변액보험 상품별 목표수익률

변액종신 보험은 보장성 상품이긴 하지만 최근 연금 전환 기능 및 유니버셜 기능을 포함하여 저축 기능을 포함하고 있는 상품들이 많다. 주로 채권의무편입비율이 30%이고 나머지는 혼합형펀드로 운영하는 형태이기에 혼합형펀드로 구분할 수 있다. 따라서 변액종신 보험은 혼합형펀드 평균수익률을 목표로 잡아야 한다.

변액유니버셜 보험은 주식 100%까지 투자 가능한 상품이며 주식형펀드이므로 주식형펀드 목표수익률을 정하면 된다.

채권 30% + 혼합형펀드 70% = 주식 최대 편입비율 40% 채권비율 60%

채권의무편입비율     주식 + 채권     적정목표수익률 5~6%
주식기대수익률, 채권수익률(은행금리+1% 수준) 고려

## 변액연금, 변액종신 목표수익률

# 변액보험 수익률 관리 비법

목표수익률을 정하였으면 주식과 채권을 매수할 적절한 타이밍을 선택해야 한다. '이기는 투자' 챕터에서 코스톨라니 이론을 이야기했지만 조금 더 적극적인 매매 방법을 설명하겠다.

기술적 분석에서 활용했던 심리와 패턴, 추세를 활용하면 좋은 타이밍에 주식을 매수할 수 있다. 심리는 역발상 투자로 설명한 바 있다. 많은 사람들이 투자하기 좋다고 할 때 투자를 자제하고 많은 사람들이 투자하기 좋지 않다고 할 때 투자하는 것을 고민해봐야 한다. 패턴 및 추세를 통해 주식을 사도 좋은 타이밍인지 파악해야 한다.

| 추세매매 | 패턴매매 | 심리매매 |
|---|---|---|
| 추세를 이탈하면 추세로 돌아오게 되어 있다. | 순환주 패턴은 주로 사각형패턴으로 하단에서 매수 상단에서 매도한다. | 하단에서는 더 떨어질 것 같고 상단에서는 더 오를 것 같은데 역발상 투자로 접근한다. |

## 수익률 비법 정리

**그런데 이런 심리, 패턴, 추세를 한 번에 파악할 수 있는 지표가 있다.**

그건 바로 볼린저밴드이다.

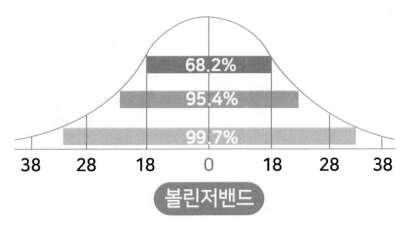

볼린저밴드

볼린저밴드란 주가 변동에 따라 상하 밴드의 폭이 같이 움직이게 하여 주가의 움직임을 밴드 내에서 판단하고자 고안한 주가 보조지표를 말한다. 볼린저밴드는 기존 지표들이 적절한 매매 시기를 알려 주지 못한다는 단점을 보완하기 위해 가격변동띠를 탄력적으로 바꾸어 만든 지표이다. 볼린저밴드는 주가가 상한선과 하한선을 경계로 등락을 거듭하는 경향이 있다는 것을 기본 전제로 한다. 이 지표는 유가증권 가격의 움직임을 포착할 수 있도록 설계된 중간의 이동평균선과 상단밴드, 하단밴드, 이렇게 세 가지 밴드로 구성된다. 이동평균선을 추세 중심선으로 사용하며 상한·하한 변동폭은 추세 중심선의 표준편차로 계산한다. 표준편차는 일정 기간 가격에 대한 변동성 측정치이므로 가격 변동이 심할 때에는 변동폭이 좁아지는 자기 조정 기능을 발휘한다. 가격변동띠의 폭이 이전보다 상대적으로 크거나, 큰 상태에서 줄어들 경우에는 볼린저밴드를 과매도·과매수의 지표로 이용할 수 있다. 유가증권은 일정 기간 과매수·과매도 상태가 될 수 있어 상대적으로 가격이 높거나 낮은지 여부를 알면 다른 지표를 해석하는 능력이 높아져 거래 적기를 아는 데 도움이 된다. 또 주가의 상대적인 가격 수준과 변동성을 확인할 수 있고, 가격 움직임이나 기타 지표들과 결합해 신호를 만들며, 움직임을 예측하는 것에도 도움을 준다.

볼린저밴드를 보려고 하면 증권회사 HTS나 증권 전용 모바일 앱을 설치해야 한다.
설치 후 간단하게 볼린저밴드 기간을 200일로 설정하고 승수는 2로 정하면 심리, 패턴, 추세를 이용한 매매를 할 수 있다.

볼린저밴드를 이용하면 보다 쉽게
매매 타이밍을 찾을 수 있다.

# ETF 매매 기법

ETF 매매 기법은 상장되어 있는 인덱스펀드(ETF)를 통해 직접 매수, 매도를 하는 방법으로서 펀드 및 변액보험처럼 간접 투자 방식이 아닌 직접 투자 방식이다. 따라서 자산관리사들은 투자 제안 및 실행을 할 때 신중을 기해야 한다. ETF 매매 기법을 간단히 설명하자면 다음과 같다.

① KODEX 레버리지를 이용
② 보조지표 이격도 20 이용(단기 추세)
③ 보조지표 볼린저밴드 200 이용(중장기 추세)

* KODEX 레버리지: KOSPI 인덱스 펀드의 일종으로 주가 상승 시 2배의 레버리지 효과 발생
* 이격도: 이동평균선과 멀어진 정도를 표시. 보통 이격도 20을 이용

ETF 종류는 상당히 많다. 국내에 상장되어 있는 ETF 수도 약 350개가량 된다(2018년 기준). 지수 및 원자재, 해외증시, 헬스케어 및 테마주 등 종류도 다양하다.

| 발행사 | 삼성 | 미래에셋 | 한국 | 우리 |
|---|---|---|---|---|
| ETF명 | KODEX | TIGER | KINDEX | KOSEF |
| 대표 ETF | KODEX200<br>KODEX인버스<br>KODEX레버리지<br>KODEX코스닥150 | TIGER유가,TIGER구리<br>TIGER농산물<br>TIGER해외주식<br>TIGER그룹주 | KINDEX 중국 | KOSEF 미국달러선물 |

## ETF 종류

국내에 상장된 ETF 종류는 운용사에 따라 크게 4가지로 나뉜다. ETF 종류에는 삼성자산운용에서 발행한 KODEX, 미래자산운용에서 발행한 TIGER, 한국투자밸류자산운용에서 발행한 KINDEX, 우리자산운용에서 발행한 KOSEF가 있다. 그중 가장 인기 좋은 ETF는 KODEX 200, KODEX 인버스, KODEX 레버리지, KODEX 코스닥 150 등이 있다.

ETF 매매를 위해 ETF 종목을 선정해야 하는데 필자는 KODEX 레버리지 매매를 주로 하는 편이다. 이유는 ETF 매매를 위해 이격도 및 볼린저밴드를 사용하는데, 이 두 지표의 KOSPI 움직임 신호가 잘 맞는 편이며 KODEX200 대비 변동성이 커서 수익을 추구할 수 있기 때문이다.

$$이격도 = \frac{주가}{이동평균주가} \times 100$$

- 기준선(100): 이동평균선과 주가가 동일한 위치
- 매입시점: 100 아래(이동평균선(추세)보다 주가가 낮은 수준)
- 매도시점: 100 위(이동평균선(추세)보다 주가가 높은 수준)

## 이격도

'주가와 이동평균선의 떨어져 있는 정도'를 말하는 것으로서 당일의 주가를 이동평균치로 나눈 백분율로 표시된다. 이격도가 100% 이상이라는 것은 당일의 주가가 이동평균선보다 위에 있는 상태를 의미하며 반대로 100% 이하는 주가가 이동평균선보다 아래에 있는 상태를 의미한다.

주가는 어떤 형태로든 파동운동을 반복하는 경향이 있기 때문에 이격도가 커지면 주가는 이동평균선으로 되돌아오는 반복운동이 뒤따른다고 볼 수 있다.

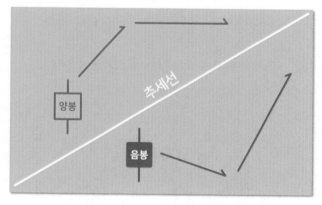

**5일선**: 5개 일봉의 평균 점을 연결한 선(1주일 평균)

20일선: 20개 일봉의 평균 점을 연결한 선(1달선)

**200일선**: 200개 일봉의 평균 점을 연결한 선(1년선)

## 이격도를 통한 추세 파악

이격도를 설정할 때 20일 이동평균선 기준을 설정하는 것이 좋다. 그러면 단기 추세를 파악하는 데 도움이 된다.

# ETF 매매 기법

볼린저밴드란 주가 변동에 따라 상하밴드의 폭이 같이 움직이게 하여 주가의 움직임을 밴드 내에서 판단하고자 고안한 주가지표를 말한다. 볼린저밴드는 기존 지표들이 적절한 매매 시기를 알려주지 못한다는 단점을 보완하기 위해 가격변동띠를 탄력적으로 바꾸어 만든 지표이다. 볼린저밴드는 주가가 상한선과 하한선을 경계로 등락을 거듭하는 경향이 있다는 것을 기본 전제로 한다.

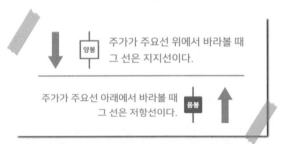

밴드를 설정한다(상한선, 중심선, 하한선). 세 선이 각각 저항 또는 지지 역할을 한다.

## 볼린저밴드 지지선과 저항선

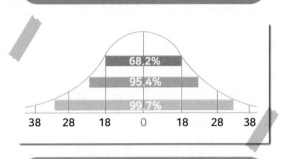

## 볼린저밴드 승수 2일 때 95%

**5일선:** 5개 일봉의 평균 점을 연결한 선(1주일 평균)
**20일선:** 20개 일봉의 평균 점을 연결한 선(1달선)
200일선: 200개 일봉의 평균 점을 연결한 선(1년선)

# 볼린저밴드를 설정할 때는 200일을 기준으로 설정한다.

이는 200일 이동평균선 기준이라는 말인데 200일 이동평균선은 장기추세를 의미한다. 장기추세를 파악하여 주식 매매 타이밍을 선택할 수 있다. 볼린저밴드를 설정할 때 승수도 설정해야 하는데 승수를 2로 설정하면 볼린저밴드가 승수 1일 때보다 넓어지며 이렇게 되면 볼린저밴드 안에서 주가가 움직일 확률이 95%로 높아진다.

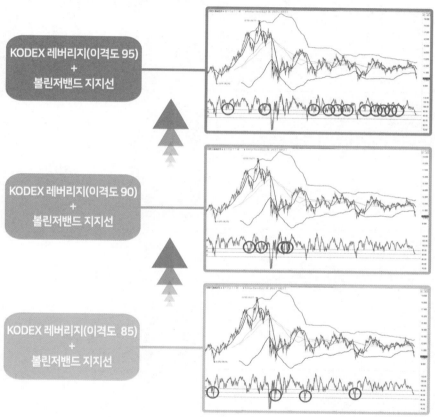

종목 선정과 이격도, 볼린저밴드를 설정해서 주가 지수 움직임을 살펴보면 이격도가 95, 90, 85로 움직일 때와 볼린저밴드 주요선(상한선, 중심선, 하한선)에서 반등이 겹치는 순간에 매매 타이밍을 잡으면 된다. 매매 타이밍이 올 경우 투자금 전액을 투자하지 말고 1/3씩 나눠서 매매하면 매매 성공 확률이 높아진다. 이격도 95이면서 주요선에서 반등할 때 1/3, 이격도 90이면서 주요선에서 반등할 때 1/3, 이격도 85이면서 주요선에서 반등할 때 1/3로 투자 금액을 나눠서 매매하면 된다.

# Part 2

# 세금

TAX

# 종합소득세 이해

종합소득세는 대한민국 국민이라면
모든 사람에게 해당되는 세율이다.

| 종합소득세 | 이자소득 | 배당소득 | 사업소득 |
| --- | --- | --- | --- |
| | 근로소득 | 연금소득 | 기타소득 |

## 종합소득율

**종합소득세**는 이자, 배당, 사업, 근로, 연금, 기타 소득이 합산되는 소득으로 거의 모든 소득이 합산되어 세율이 매겨지는 세금이다. 여기서 **퇴직 소득**과 **양도 소득**은 다른 소득과 따로 분류하여 세금이 부과되기 때문에 이 두 가지 소득은 분류 소득이라고 한다.

종합소득세 구성 소득을 간단하게 외우려면 연상법을 활용하면 된다. [선상 파티를 하면서 아주 근사한 연기를 피웠다]라고 가정해보자. 그러면 종합소득세 구성 소득을 다 외운 것이다. '이 배에 근사한 연기가 난다'라고 기억하면 되는 것이다.

**이•배•근•사•연•기**로 '이자, 배당, 근로, 사업, 연금, 기타 소득세'가 외워진 것이다.

종합소득세는 기존 최고 세율이 38%이었으나, 2018년부터 3억에서 5억 이하는 **40%**, 5억 이상은 **42%** 세율을 부과함으로써 우리나라에서 2번째로 높은 세율을 부과하고 있다. 종합소득세가 늘어나니 사실 고소득자나 자산가들의 고민이 점차 증대하고 있다.

### 따라서 종합소득세를 이해해야 VIP 고객 관리가 가능하다.

종합소득세 세율은 매번 바뀌기에 외운다는 것이 쉽지는 않지만 외워 두면 상담 시 많은 도움을 받을 수 있기에 쉽게 외울 수 있는 방법을 전수하겠다. 단, 여기서는 1억 5천 과세표준에 대한 38% 세율까지 언급하겠다.

| 과세표준 | 세율 | 누진공제 |
|---|---|---|
| 1,200만원 이하 | 6% | 해당 없음 |
| 1,200만원 초과 4,600만원 이하 | 15% | 1,080,000원 |
| 4,600만원 초과 8,800만원 이하 | 24% | 5,220,000원 |
| 8,800만원 초과 1억 5천만원 이하 | 35% | 14,900,000원 |
| 1억 5천만원 초과 3억원 이하 | 38% | 19,400,000원 |
| 3억원 초과 5억원 이하 | 40% | 25,400,000원 |
| 5억원 초과 | 42% | 35,400,000원 |

## 종합소득세율

1천 2백만원까지 6%, 1천 2백만원에서 4천 6백만원까지 15%, 4천 6백만원에서 8천 8백만원까지 24% 등으로 숫자 외우기가 여간 쉽지가 않다. 하지만 짝수를 셀 때 흔히 하는 말인 '2468'로 연상할 수 있으므로 이 숫자는 외우지 않아도 된다. 이 숫자 앞에 숫자 1, 뒤에 숫자 8을 붙이면 124688이 된다. 이 정도는 쉽게 외울 수 있다. 여기에 마지막 숫자 150을 더 붙이면 124688150으로 1억 5천까지 과세표준을 쉽게 외울 수 있다.

**세율을 외우는 것도 쉽다.** 간단하게 스토리로 이야기하겠다. 부동산 중개업자가 부동산 계약을 마무리하는데 사모님이 계속 고민을 하신다. 그래서 클로징 멘트를 준비한다. "이 아파트 평수가 38평이라 왠지 들어와서 살면 잘살 것 같다(38 광땡)".

### "여기로 이사 오세요. 사모님 38평입니다."

**여기로(6% 15%) 이사(24%) 사모님(35%) 38평(38%)로
이렇게 기억하면 6~38% 세율을 기억할 수 있다.**

종합소득세는 세율이 높기 때문에 고소득자라면 누구나 절세 방법을 궁금해할 것이다. 그래서 절세 방법을 잘 숙지해서 자산가들에게 안내해야 한다. 종합소득세 절세 방법에는 **소득분산, 공제상품 활용, 비과세상품 활용**이 있다.

# 종합소득세 이해

## 첫 번째 종합소득세 절세 방법, 소득분산 효과를 노려라.

개인 및 법인사업자가 동일한 금액을 수령할 경우 앞에서 살펴본 소득의 과세표준구간에 따라 세율이 적용된다. 만약 9천만원 소득 구간에 속하는 사람이 4천 5백만원으로 소득 구간을 분리하였다고 하면 35% 적용세율이 15%로 줄어들 수 있다. 이로 인해 적용받는 세금 혜택은 엄청 크다고 할 수 있다. 하지만 소득이 없는 사람을 임의로 소득자로 등록하면 탈세로 간주되기 때문에 직접 일을 하는 사람에 한하여 소득을 분산하여야 한다.

| 1억 과세표준일 때 | | 5천만원 과세표준일 때 | |
|---|---|---|---|
| 적용세율 | 소득세 | 적용세율 | 소득세 |
| 35% | 20100천원 | 24% | 13120천원 |

### 소득분산 효과

## 두 번째 종합소득세 절세 방법, 세금공제 상품을 활용하라.

현재 세금공제는 크게 소득공제 상품과 세액공제 상품이 있다. 소득공제는 소득자에게 적용되는 과세 세율만큼 공제받는 방법이며 세액공제는 일정한 세율로 공제받는 방법이다. 노란우산공제는 많은 개인사업자들이 가입한 금융상품으로서 최대 300만원까지 소득공제되는 상품이다.

최근 고소득 사업자에게는 소득공제 한도를 일부 축소하긴 하였지만 여전히 좋은 세금혜택 상품으로 판매되고 있다. 노란우산공제 이외 연금저축 상품도 세액공제 상품으로 활용할 수 있다.

| 2017년도 이전 | 2017년도 이후 |
|---|---|
| 300만원<br>한도 소득공제 | 4천만원 미만 500만원 / 4천만 ~ 1억원 300만원<br>1억원 초과 200만원 / 한도 소득공제 |

### 노란우산공제

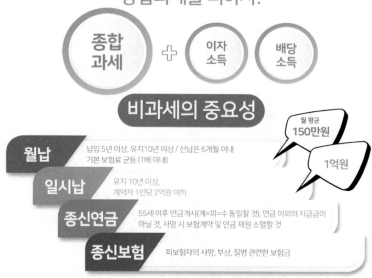

**2천만원이 넘으면 종합과세로 포함!**

금융소득(이자, 배당소득)의 비과세를 활용하여
종합과세를 피하자!

종합
과세 **+** 이자
소득 배당
소득

비과세의 중요성

월 평균
150만원

1억원

**월납** 납입 5년 이상, 유지10년 이상 / 선납은 6개월 이내
기본 보험료 균등 (1배 이내)

**일시납** 유지 10년 이상,
계약자 1인당 2억원 이하

**종신연금** 55세 이후 연금개시(계=피=수 동일할 것), 연금 이외의 지급금이
아닐 것, 사망 시 보험계약 및 연금 재원 소멸할 것

**종신보험** 피보험자의 사망, 부상, 질병 관련한 보험금

저축성 보험의 비과세 요건

## 세 번째 종합소득세 절세 방법, 비과세상품을 활용하라.

종합소득세는 앞서 설명한 바와 같이 이자, 배당, 사업, 근로, 연금, 기타 소득을 합산하여 과세된다.
하지만 비과세상품을 활용하여 이자와 배당소득이 비과세된다면 당연히 적용되는 세율이 많지가
않다. 단기간 저축하는 상품인 경우 그 효과가 크지 않을 수 있지만 장기 저축하는 경우 이자와 배당
금액이 많이 커지기 때문에 **장기 상품일수록 비과세상품으로 활용해야 한다.** 많은 이들이 저축성
보험을 이용하여 비과세 혜택을 활용하였는데 **2017년 4월 1일 이후** 비과세 혜택이 소폭 축소되
었다. 일시납인 경우 1억원 한도, 월납인 경우 연간 1,800만원 한도로 납입할 수 있다. 저축성 보험
상품인 경우 한도가 축소되었긴 하지만 여전히 다른 비과세상품 대비 한도가 큰 편이므로 많이
활용하면 도움을 받을 수 있다. 많은 비과세금융상품은 현재 판매가 중지되었거나 한도가 축소되어
서 더 이상 비과세상품으로 활용할 수 없다. 현재 비과세 한도를 잘 활용하기 위해서는 일찍 비과세상
품을 활용하면서 많은 사람 명의로 활용하면 된다.

# 증여세 이해

**증여세율은 상속세율과 동일하게 적용되며 최대 50%까지 과세된다.**

따라서 부모가 자녀에게 자산을 증여하는 것을 쉽게 생각하면 안 되며 사전에 세금을 고려하지 않은 증여는 엄청난 세부담을 가져올 수 있으니 주의해야 한다. 예전에는 증여세 사전신고에 대해 10%를 감면해줬는데, 국세청 시스템 발달 및 세수 확보 차원에서 사전신고율을 **3%**로 축소하고 있다. 증여받은 날의 **말일부터 3개월 이내**에 증여세 신고 및 납부를 완료해야 한다.

| 과세표준 | 세율 | 누진공세 |
|---|---|---|
| 1억원 이하 | 10% | 0 |
| 5억원 이하 | 20% | 1,000만원 |
| 10억원 이하 | 30% | 6,000만원 |
| 30억원 이하 | 40% | 1억 6,000만원 |
| 30억원 초과 | 50% | 4억 6,000만원 |

## 증여세의 세율

$$할증세액 = \frac{산출세액 \times 세대\ 생략\ 상속\ 재산}{총\ 상속\ 재산\ 가액 \times 30\%}$$

>> 20억 초과 시 40% 할증 과세

## 세대 생략 시 할증세액

부모가 자녀에게 집을 무상으로 사주는 경우를 주위에서 자주 볼 수 있는데, 이럴 경우 **증여로 간주되며**, 자금출처 조사대상이 될 수 있으니 주의해야 한다. 예를 들어 부모가 30세 성인 자녀에게 3억짜리 집을 무상으로 사준 경우 자금출처 조사대상 조건인 2억원이 넘으므로 조사대상이 된다. 우리나라 청년이 자력으로 30살이 되었을 때 2억원 자금을 형성하기가 쉽지가 않은데 이런 자산이 형성되면 의무적으로 조사대상이 됨을 알고 있어야 한다. 따라서 부모가 자녀에게 집을 사주는 경우, 자금이 있더라도 **대출을 활용하는 방법이** 좋은 해결책이 되겠다. 대출을 활용한 금액은 자산가액에서 빠지기 때문에 자금출처 조사대상에서 제외될 수 있다.

| 구분 | 취득 재산 | | 채무 상환 | 총액 한도 |
|---|---|---|---|---|
| | 주택 | 기타 재산 | | |
| 1. 세대주인 경우<br>- 30세 이상인 자<br>- 40세 이상인 자 | 2억원<br>4억원 | 5천만원<br>1억원 | 5천만원<br>5천만원 | 2억 5천만원<br>5억원 |
| 2. 세대주가 아닌 경우<br>- 30세 이상인 자<br>- 40세 이상인 자 | 1억원<br>2억원 | 5천만원<br>1억원 | 5천만원<br>5천만원 | 1억 5천만원<br>3억원 |
| 3. 30세 미만인 자 | 5천만원 | 3천만원 | 5천만원 | 8천만원 |

## 자금출처 조사

증여세를 절세하기 위해서는 **사전증여 제도**를 잘 활용하면 된다.

**사전증여 제도**는 증여를 할 때 일정 금액은 세금 없이 증여할 수 있게 마련된 법안인데 배우자는 6억원, 성인 자녀는 5천만원, 미성년 자녀는 2천만원까지 사전증여를 할 수 있다. 또한 이 금액은 10년 뒤 다시 갱신이 되니 사전증여를 최대한 빨리 이용하면 비과세로 증여할 수 있는 자금은 더 커진다고 볼 수 있다. 사전증여를 할 경우 최대한 가치가 많이 상승할 것으로 예측되는 자산을 넘겨 주는 것이 현명한 방법이라 할 수 있다.

예를 들어 5천만원 주식을 사전증여했는데 이 주식이 5억원이 되었다고 가정하자. 사전증여해둔 자산이 가치가 늘었다 하더라도 추가 부과되는 세금은 없으며, 그 증여받은 재산으로 상속 재원을 마련할 수 있으니 사전증여는 여러 가지 면에서 유리한 절세 방법이다.

| 증여자 | 증여 재산 공제액 | 비고 |
|---|---|---|
| 배우자 | 6억원 | / |
| 직계존비속 | 5천만원(미성년자 2천만원) | - 양부모, 친부모 모두 해당, 계부모 |
| 기타 친족 | 5백만원 | - 며느리, 사위 |

>> 재차 증여의 경우 당해 증여 전 공제받은 금액과 당해 증여에서 공제받을 금액의 합계액은 위의 공제 금액을 한도로 함

>> 둘 이상의 증여가 있는 경우 증여 시기가 다른 경우 순차로 공제하고 동시에 증여한 경우 안분하여 공제함

## 사전증여 제도

# 🏷️ 증여세 이해

사전증여를 할 경우 여러 가지 **재산 상승 시기를 고려하여 증여**하는 것이 현명한 방법이다.
토지 및 주택 고시일 이후 공시지가가 변경되니 가치가 상승될 것으로 판단되면 고시일 이전에
증여하는 것이 유리한 방법이라고 할 수 있겠다.

| 구분 | 고시일 | 대상 |
|------|--------|------|
| 아파트<br>연립 | 수시 고시 | 모든 아파트<br>일정 규모 이상 연립 |
| 주택 | 4월 28일 | 모든 주택 |
| 상업용 건물<br>오피스텔 | 1월 1일 고시 | 수도권, 5대 광역시 소재 오피스텔 및 대형 상가<br>[면적 3,000㎡ 이상 100호 이상] |
| 기타 건물 | 1월 1일 고시 | 계산 방법 고시 |
| 토지 | 5월 31일 고시 | 관할 시·군·구청 |
| 골프 회원권 | 수시 고시 | 국세청 |

## 사전증여 활용 시 고려할 재산 상승 시기

### 증여할 때 주의해야 할 부분이 있다.

## 증여받은 재산을 일정 기간 이내에 매도하게 될 경우
## 세금이 이월 과세될 수 있다.

배우자에게 6억원까지 사전증여를 할 수 있는데 6억원 상당의 부동산을 사전증여를 활용하여
매입하였다고 가정하겠다. 이 매입한 부동산을 5년 이내에 다시 제3자에게 판매한 경우 사전증여받
기 전 증여자가 구입한 시점부터 상승한 가치에 대한 양도세가 이월되어 과세될 수 있으니 증여받은
재산은 **일정 기간 동안에는 매각하지 않는 것이** 바람직하다.

>> 증여받은 재산을 5년 내 양도할 경우 취득가액은 증여 전 취득가액으로 계산

 **남편**
증여세
부동산 증여

 **아내**
양도세
5년 내 양도

 **갑**

>> 위 증여세와 양도세의 합과 아버지가 갑에게 직접 양도한다는 가정하의 양도소득세 중 큰 금액을 부과

 **아버지**
증여세
부동산 증여

 장인 | 장모 | 사위 | 며느리
양도세
5년 내 양도

 **갑**

## 사전증여 활용 시 주의사항

- **증여세의 신고**
  증여받은 날의 말일부터 3개월 이내에 신고
- **증여세의 자진 납부**
  \* 자진납부세액 = 산출세액 - 징수유예액 - 세액공제 및 감면 - 연부연납(물납) 신청
- **분납, 연부연납, 물납**
  상속세의 경우와 기본적으로 동일
  \* 연부연납: 연부연납 허가일부터 5년 이내에서 해당 납세 의무자가 신청한 기간만 허용
- **증여세의 결정과 경정**
  01. 납세지 관할 세무서장은 과세표준신고기한으로부터 3개월 이내에 증여세의 과세표준과 세액을 결정
  02. 증여세의 결정, 경정, 가산세에 관한 내용은 상속세와 동일함

## 증여세의 납부

# 상속세 이해

본래 상속재산 → 실질적 재산

간주 상속재산 → 보험금 신탁 퇴직금

추정 상속재산 → 1년 이내 2억 이상, 2년 이내 5억 이상 용도가 불분명한 자금

**상속재산 추정**

**상속세는 증여세율와 동일하게 최고 50% 세율로**

## 우리나라에서 가장 높은 세금이다.

따라서 자산가들은 상속세 준비를 잘해야 하는데 그렇지 못한 자산가들이 많다. 언론을 통해 알려진 내용만 보더라도 상속 준비가 잘되지 않아 문제가 된 사례들이 많이 있다. 농우바이오나 쓰리세븐 등 굴지의 대기업들도 상속 준비가 되지 않아 오너가 사망한 후 자산의 대부분이 매각되고 회사가 타인에게 양도되는 사례가 발생하였는데, 이는 상속 준비를 잘하지 못하였기 때문이다. 준비되지 않은 상속이 야기하는 문제로는, 자녀들 간의 상속 분쟁뿐만 아니라 부동산으로 이뤄진 자산의 매각이 어렵다는 점을 들 수 있다.

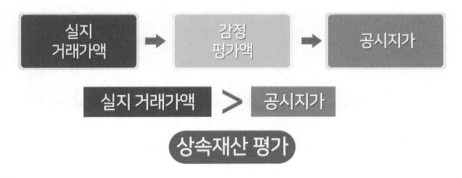

실지 거래가액 → 감정 평가액 → 공시지가

실지 거래가액 > 공시지가

**상속재산 평가**

상속이 발생하는 경우 상속재산가액을 평가한다. 우리나라의 경우 자산의 70%가 부동산에 편중되어 있어 상속 발생 시

## 부동산 가격을 어떻게 평가하느냐에 따라
## 상속세액이 달라진다.

모든 상속재산은 실거래가(시가)가 있는 경우 실거래가(시가)로 평가하지만 실거래가가 없는 경우 공시지가로 평가하기도 한다. 보통 시가보다 공시지가가 상대적으로 낮은 편이다. 예를 들어 시가가 100억인 빌딩의 오너가 사망하여 공시지가로 평가해 보니 60억이라고 하자. 그렇게 되면 40억 자산이 한순간에 사라지는 것이고 거기다가 상속세까지 납부하게 되면 엄청난 불이익을 당할 수도 있다.

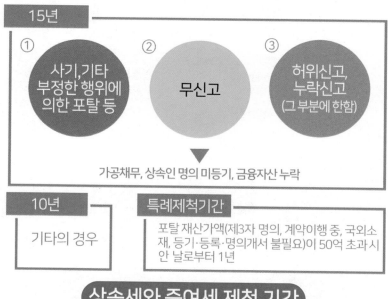

납부 기간이 넘으면 가산세가 부과된다. 설상 납부 기간에 납부하지 않고 세금 추징을 따로 받지 않더라도 상속세 제척 기간은 15년이다. 제척 기간은 과세당국이 상속인에게 법률상으로 세금을 추징할 수 있는 존속 기간이다. 그리고 금액이 50억이 넘는 경우에는 과세당국이 신고된 날로부터 1년 이내에 추징할 수 있으니 제척 기간이 따로 없다고 보면 된다.

# 🧾 상속세 이해

상속 설계를 할 때는 상속재산가액을 평가하는 것도 중요하지만 **상속인을 지정**하는 것도 중요하다. 법적으로 유언을 통한 상속인 지정도 가능하지만 잘 모르거나 번거롭게 생각하는 사람이 많다. 유언을 통한 상속인 지정이 어려운 경우 보험상품을 활용하면 된다. 보험상품에는 **권리지정이라는 것이 있다.** 권리지정은 보험 계약 시 계약자, 수익자, 피보험자를 정해야 하는 것인데 보험수익자를 지정하는 유언의 효과를 볼 수 있다. 예를 들어 남편과 자녀 둘을 두고 있는 A씨는 연세가 많으신 홀어머니가 있다. 남편과 상의해서 조금씩 용돈을 어머니께 드리고 있지만 금액이 작아 남편 몰래 매달 30만원씩 추가로 드리고 있는 상황이다. 친구 권유로 자신이 사망하면 사망보험금이 나오는 종신보험에 가입을 하게 되었다. A씨는 자신이 사망하면 A씨 부모가 아무런 상속재산을 받지 못한다는 이야기를 들었다. 그래 서 A씨는 보험의 수익자를 어머니로 지정하였다.

# 여기서 중요한 것은 법정 상속 순위이다.

자녀(직계비속)가 1순위이고, 부모님(직계존속)이 2순위, 형제가 3순위, 4촌 이내 혈족이 4순위이다. 배우자는 1, 2순위(직계비속, 직계존속)가 있는 경우 추가로 상속 대상이 되고 배우자 단독 대상이 되려면 1, 2순위가 없고 배우자만 혼자 있는 경우라야 한다.

| 구분 | 상속인 |
|---|---|
| 1 순위 | 직계비속과 배우자 |
| 2 순위 | 직계존속과 배우자 |
| 3 순위 | 배우자 |
| 4 순위 | 형제자매 |
| 5 순위 | 4촌 이내의 방계혈족 |

### 민법상 상속순위

| 법적상속인 | 유류분 지분율 |
|---|---|
| 배우자·직계비속 | 법정상속지분의 1/2 |
| 직계존속·형제자매 | 법정상속지분의 1/3 |
| 4촌 이내 방계혈족 | 유류분 해당 없음 |

① 피상속인이 **사망한 날로부터 10년이 지나면 청구할 수 없다.**
② 유류분 권리자가 **상속, 증여 또는 유증을 한 사실을 안 때로부터 1년 이내**에 해야 한다.
③ 유류분권은 피상속인의 **직계비속, 배우자, 직계존속 및 형제자매만 갖는다.**

### 유류분의 지분율 & 주의사항

**상속인 지정을 하더라도**
# 최소한의 법적 유류분 청구는 가능하다.

유류분은 법적인 상속 권한의 일부를 청구할 수 있는 제도인데, 앞의 경우 A씨가 모든 보험금 수익을 어머니가 지급받도록 계약을 했더라도 계약을 했을 때 남편과 자녀는 원래 받아야 할 상속 금액의 일부를 유류분으로 청구할 수 있다.

#  보험가입 시 세금혜택(일반편)

보험을 통한 세금 혜택은 **일반편**과 **특별편**으로 구분하여 설명하겠다.

그중 일반편은 보장성 보험 12% 세액공제, 세금 적격 상품의 12% 세액공제, 저축성 보험의 비과세 혜택, 보장성 보험의 비과세 혜택이 있다.

## 보장성 보험에 가입하면
## 연간 100만원 한도까지 12% 세액공제를 받을 수 있다.

보통 보장성 보험의 혜택을 이해하려면 보험 계약의 권리지정에 대해서 이해해야 하는데, 권리지정에는 계약자, 수익자, 피보험자가 있다. 계약자는 보험 계약의 주인이 되는 사람을 의미하며, 실제 보험료를 납부하는 사람이다. 피보험자는 보험 계약의 대상이 되는 사람이며, 수익자는 보험 사고 발생 시 보험금을 수령하는 사람이다.

아이태아보험　　　자동차보험　　　화재보험

피보험자는 자녀, 자동차, 집이 될 수 있지만
계약자(실제 보험료 납부하는 계약의 주인) 기준으로
보험료 공제를 적용하고 있다!

## 보장성 보험 12% 세액공제

보장성 보험의 세액공제율은 12%이며 한도 금액은 100만원인데, 중요한 부분은 한도 금액을 산정할 때 **계약자를 기준으로 한다는 점이다**. 계약자 기준이기 때문에 거의 대부분 100만원 한도 혜택은 받을 것이다. 자동차를 소유하고 있다면 **자동차보험**에 매년 가입해야 하며, **자녀의 태아보험** 및 **주택화재보험**을 가입했다고 하면 다른 보장성 보험이 없더라도 100만원 한도가 채워질 것이다.

# 세제적격 보험상품으로 연금보험이 있다.

연금보험은 4백만원 한도로 소득 구간에 따라 12%에서 15%의 세액공제를 받을 수 있다. 총 급여가 5천 5백만원 이하인 경우는 15% 세액공제를 받는다. 개인연금계좌(IRP)를 활용할 경우에는 최대 7백만원 한도까지 확대 적용받을 수 있다.

**공제 방식**
세액공제

**공제 금액**
연간 4백만원 한도,
퇴직연금(IRP)계좌 활용 시
700원 한도

**공제 세율**
12%
(총 급여 5,500만원 이하)

## 4백만원 X 12% = 48만원 세금 혜택!

| 세제적격연금 | |
|---|---|
| 납입한도 | 1800만원 |
| 납입기간 | 5년 이상 |
| 연금지급조건 | 55세 이후<br>10년 이상 수령 |
| 소득공제 | 400만원 한도<br>12% 세액공제<br>(IRP계좌 활용 시 700만원 한도) |
| 연금소득세 | 55~69세 5.5%<br>70~79세 4.4%<br>80세 이후 3.3%<br>연금소득세 납부 |
| 연금 외 수령 시 불이익 | 16.5% 기타소득세 |

**세제적격 연금상품**

🏛 ➡ 연금 / 저축 / 신탁

➡ 연금 / 저축 / 신탁

➡ 연금 / 저축 / 보험

➡ 연금 / 저축 / 보험

## 세제적격 연금

# 보험가입 시 세금혜택(일반편)

## 저축성 보험은 일정 조건을 충족할 경우
## 비과세 혜택을 받을 수 있다.

이자소득과 배당소득은 금융소득으로서 현행 세율에서는 2천만원 한도까지 14% 분리과세가 적용되며 2천만원 초과 시에는 종합과세가 된다. 장기 저축하는 금융상품을 선택할 경우 비과세 여부가 매우 중요한데 10년 이상 장기 저축으로 가입하여 2천만원 이상의 금융소득이 발생하는데 비과세 혜택 을 받지 못하면 종합과세가 될 가능성이 높다.

• 세금혜택
조건 충족 시 이자소득세 비과세
• 한도제한
월납입 1천 8백만원 이내,일시납 1억 이상(단, 월납입인 경우 총 한도 제한 없음)

### 비과세 한도가 가장 높은 금융상품은
### 보험상품이다!

**월납**
연간 1800만원 납입 5년 이상, 유지 10년 이상
선납은 6개월 이내, 기본보험료 균등(1배 이내)

**일시납**
유지 10년 이상, 계약자 1인당 1억원 이하

**종신연금**
55세 이후 연금 개시(계=피=수 동일할 것)
연금 이외의 지급금이 아닐 것, 사망 시 보험계약 및 연금 재원 소멸

## 저축성 보험 비과세

따라서 **장기성 상품일 경우 비과세 혜택 여부가 매우 중요하다.**
저축성 보험은 월납일 경우 연간 1,800만원 한도, 10년 이상 유지해야 비과세 혜택을 받으며 일시납인 경우 연간 1억원 한도, 월납입과 동일하게 10년 이상 유지해야 비과세 혜택을 받을 수 있다.

2017년 4월 1일부터 개정된 세법에 따르면 저축성 보험은 한도가 일부 축소되었지만 보장성 보험인 경우 한도 제한이 없다. 최근 보장성 상품인데 저축 성향이 있는 상품이 많이 출시되고 있는데 보장성 보험인 경우는 한도 제한이 없기 때문에 **보장성 보험을 비과세 상품으로 활용할 수 있다.** 단, 보장성 보험을 저축성으로 전환하는 경우는 저축성 보험 한도 조건을 충족해야 하기 때문에 이 점은 유의해야 한다.

• 세금혜택
보장성 상품으로 이용 시 이자소득세 비과세
• 한도제한
없음

저축성 보험인 경우
적립식 연간 1800만원
일시납 1억원

보장성 보험인 경우
제한 없음

## 보장성 보험 비과세 한도

**4. 장기저축성 보험의 보험차익 비과세 축소 관련 세부사항**
(소득규칙 §12의2 신설)

【시행령 개정내용】 일시납 및 월 적립식 보험의 비과세 한도 등 규정
→ 월 적립식 보험의 보험료 합계액에서 제외되는 보험 및 보험료 합계액 계산방법을 시행규칙에 위임 (소득령 §25)

◇ (월 적립식 보험료 합계액에서 제외되는 보험) 사망·사고만을 보장하며, 만기시 환급되는 보험금이 없는 보험(순수보장성보험)

· 저축목적의 보험료가 없으니, 보험의 구조적 특성(단기납입·장기보장)으로 중도해지시 차익이 발생하는 점을 감안

◇ (월 적립식 보험료 합계액 계산방법) 연간 월 평균 보험료로 계산

$$\frac{\text{해당연도의 납입보험료의 합}}{\text{보험 계약기간 중 해당연도에서 경과된 개월 수}} \leq 150만원$$

- 연간 1,800만원 이내에서 일시적인 여유자금을 추가납입하는 경우에도 비과세 혜택을 부여

· 기본보험료 100만원 12개월 납입, 200만원 추가납입(총 1,400만원)→비과세

저축 목적의 보험료가 없으니
보험의 구조적 특성(단기납입, 장기보장)으로
중도해지 시 차익이 발생하는 점을 감안

중도해지, 저축성전환하지 않으면
종신보험은 비과세 한도제한에
적용되지 않는다!

## 보장성 보험 비과세 근거(소득규칙 12의2)

# 보험가입 시 세금혜택(특별편)

이번 편에서는 보험 가입 시 특별한 경우에 혜택을 볼 수 있는 방법에 대해서 이야기해 보겠다.

상담을 하다 보면 고객 당사자 또는 가족이 사업을 하다 부득이하게 빚을 지게 되어 보험금을 수령할 때 보험금이 압류가 되는지 물어보는 경우가 종종 있다.

**2015년 이후부터** 체납 국세인 경우 상속자에게 납세 의무가 승계되는 것으로 법이 개정되었다.

따라서 보험에 가입하려는 자(피보험자)가 국세 체납인일 경우 보험금(사망 또는 질병) 수령 시 원칙적으로 **보험금이 압류될 수도 있다.**

세금 체납 2억
보험금 수령 1억

세금 체납 2억
보험금 수령 1억
= -1억 세금 부담

• **상속으로 인한 납세 의무의 승계 명확화**
① 피상속인이 상속인을 수익자로 하는 보험 계약을 체결
② 상속인은 상속을 포기
③ 상속포기자가 피상속인의 사망으로 인하여 보험금을 받을 때

체납 국세 등
납세 의무 승계 NO

2015.1.1. 이후 적용!
체납 국세 등
납세 의무 승계 YES

상속으로 받은 재산의 한도 내에서 납부할 의무를 진다!

세금 체납인의 보험금 압류

## 계약자, 수익자를 지정하라

| 계약자 | 피보험자 | 수익자 |
|---|---|---|
|  |  |  | 사망 시 발생하는 보험금은 상속재산에 포함 |
|  |  |  | 사망보험금은 상속재산에 포함되지 않음 |

이럴 경우에는 계약자, 피보험자, 수익자 지정을 잘하면 보험금 압류를 해결할 수 있다.
자녀나 배우자가 보험 계약을 하고(계약자 지정) 계약자와 동일하게 수익자를 지정을 하면 이 문제를 해결할 수 있다. 보험 계약의 주인을 계약자 기준으로 보고 수익금도 계약자가 보험료를 납부한 금액으로 수익을 받으니 **피보험자의 국세 체납과 상관이 없게 된다.**

## 상속 포기도 고려해 보아라

| 단순 승인 | 한정 승인 | 상속 포기 |

## 상속 포기는 사망 사실을 안 날로부터 3개월 이내 신청!

단, 여기서 주의해야 할 점은 국세 체납이 있는 경우 반드시 체납금을 갚아야 하겠지만 부득이하게 체납금이 남아 있는 경우라면 상속 시 **상속인이 3개월 이내에 상속을 포기해야 한다는 점이다.** 그렇게 되면 상속인은 피보험자 대상으로 가입한 보험금을 수령할 수도 있고 국세 체납 승계 의무도 사라지게 된다.

#  보험가입 시 세금혜택(특별편)

장애인 자녀를 두고 있는 부모를 상담하게 되면 반드시 장애인 연금 비과세에 대해서 이야기를 해야 한다. 「상속 증여세법 시행령」 35조에 따르면 대통령령으로 정하는 보험의 보험금 중 장애인 및 국가유공자 중 사이자를 수익자로 한 보험상품인 경우 **연간 4천만원 한도**까지 비과세된다. 월 333 만원가량 수입 금액은 비과세 혜택을 볼 수 있는 것이다.

- **장애인 보험**
  납입금의 15% 세액공제(일반보험은 12%)
- **장애인 연금 증여세 비과세**
  연간 4천만원(「상속증여세법」 제46조 8호)

## 장애인 보험 가입 시 세금 혜택

신탁상품을 활용하여 일시납을 이용할 경우 5억원 한도까지 비과세가 적용되지만 보험상품에 가입하면 납입 금액이 10억이든 20억이든 **연금 수령 금액이 연간 4천만원만 넘지 않으면 전액 비과세된다.** 단, **계약자는 부모로 하고 피보험자와 수익자는 장애인인 자녀로** 설정하면 된다.

| 계약자 | 피보험자 | 수익자 |

## 장애인 증여세 비과세 혜택

자녀에게 증여를 고려할 때 보험상품의 연금 정기금 평가를 활용하면 좋다.

자녀에게 연금상품으로 증여를 할 경우 미래 받을 자금을 현재가치로 할인하여 증여 세금이 부여가 된다. 자녀가 연금을 받는 보험상품에 부모가 가입을 했다고 가정하자. 납입금액이 총 5억이고 자녀가 수령받을 금액이 5억＋a 인데, 이 수령 금액이 미래에 받을 자금이다보니 현재가치로 할인해서 평가해 보니깐 3억이 된다고 하자. 그러면 증여세 기준은 5억원을 해야 할까? 5억원＋a 금액으로 해야 할까? 아님 3억원으로 평가해야 할까? 현행 증여세법은 증여세 부여 시점을 증여를 받는 시점으로 하기 때문에 연금상품을 받는 시점은 연금상품을 납입하는 사람(부모)이 연금을 자녀에게 넘겨줄 때 증여세금이 발생하는데 이 상품이 **미래에 수령하는 연금상품**이다 보니 일정 이율로 **할인하여 세금이 부과가** 된다.

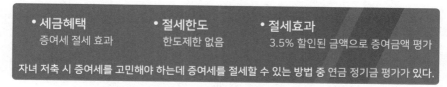

- 세금혜택
  증여세 절세 효과
- 절세한도
  한도제한 없음
- 절세효과
  3.5% 할인된 금액으로 증여금액 평가

자녀 저축 시 증여세를 고민해야 하는데 증여세를 절세할 수 있는 방법 중 연금 정기금 평가가 있다.

## 자녀 연금 가입 시 연금 정기금 평가

**기존보험**

계약자    피보험자    수익자
증여세 절세 X

**변경**

계약자    피보험자    수익자
연금 정기금 평가 할인

## 연금 정기금 평가를 위한 권리지정

「상속증여세법」 62조에 따르면 할인율은 3.5%로 연금을 받는 기간 내내 할인받기 때문에 할인율 혜택이 크다고 볼 수 있다. 연금 정기금 평가를 받기 위해 계약자와 수익자는 부모로 하고 피보험자를 자녀로 하다 납입이 완료되는 시점에 연금상품을 자녀 이름으로 변경해주면 할인 혜택을 볼 수 있다.

$$평가금액 = \frac{증여받은\ 연금}{(1 + 3.5\%)^n}$$

# VIP 고객 이해 및 전략

VIP 고객들은 크게 **개인사업자, 전문직종사자, 법인사업자, 임대사업자** 네 가지 분류로 나눌 수 있다. 각 자산가들마다 원하는 것이 다를 것이며 접근해야 하는 내용도 다를 수 있다. 각 **자산가별 특징을 이해**하고 **그들의 니즈를 정확히 파악**해야 한다.

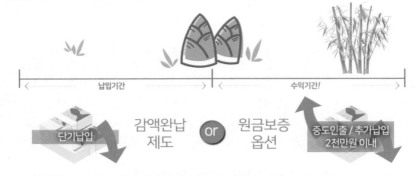

중국 모소대나무는 5년 가까이 땅속에서 뿌리만 계속 내린다. 그러다가 죽순이 땅 위로 나오는 순간, 6주 만에 거의 자라나 숲을 이루게 된다. 보험상품을 활용하면 납입 기간이 지난 시점엔 엄청난 저축 효과를 볼 수 있다.

## 개인사업자 재무설계 콘셉트

**개인사업자**들은 우리 주변에서 가장 많이 찾아볼 수 있는 직업군이다. 그중 소득이 많은 이들이 공통적으로 갖는 특징 및 니즈는 소득이 불규칙하다 보니 **안전자산을 형성하고 싶은 니즈가 크다**는 것이다. 따라서 상담을 해보면 부동산이나 안전자산을 사고 싶다는 분들이 많다. 또한 퇴직금이 없기 때문에 **노후 자산에 대한 니즈가 크다.** 개인사업자들은 최근 자금출처 조사 및 PCI 시스템, 성실신고확인제도 등 **국세청의 주요 타겟**이 되고 있어 자산 운용에 어려움을 겪고 있다. 따라서 국세청 관리감독 제도를 잘 이해하고 설명해야 한다. 고액현금거래 제도를 예로 들어 보면 2천만원 이상 거래될 시 국세청 보고 대상이 되니 되도록 **2천만원 이상 금융 거래는 자제해야 됨**을 인지시키고 **금융소득종합과세를 무조건 피할 것**을 안내해야 한다.

개인사업자들의 니즈가 안전자산 마련과 노후자금 관리이니 안전자산을 마련하기 위한 플랜을 제시하면서 동시에 노후자금을 마련할 수 있는 방법을 안내해 주면 개인사업자에게 좋은 컨설팅이 될 수 있다. 소득에 대한 불안함을 가지고 있기 때문에 납기는 최대한 짧게 하는 것이 좋을 수도 있다. 또한 최근 개인사업자 운영이 어려울 시에는 **법인으로 전환**하는 것도 한 가지 방법으로 법인전환을 적극 권유하는 것이 좋은 방법이 될 수 있다.

개인사업자들은 납기를 길게 하지 말고 퇴직금 마련 용도로 자금을 활용하는 플랜을 설계하면 좋다.

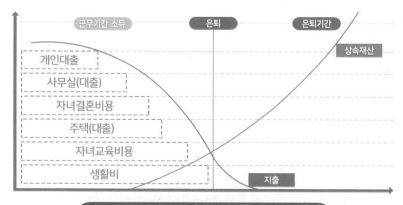

## 전문직종사자 재무설계 콘셉트

**전문직종사자**는 **조기 은퇴 및 본인 건물 소유에 대한 니즈가 크다**는 특징이 있다. 또한 자녀 교육비 지출이 크며 신고가 누락된 관리 소득이 있을 수 있다. PCI 시스템을 통해 신고가 누락된 관리 소득에 대한 문제점을 안내하고, 건물을 매입할 경우 자금출처 조사대상이 되므로 대출을 적절하게 활용하는 방법을 안내해야 한다. 자녀 교육비 및 건물, 대출금 상환 등 많은 리스크에 노출되어 있으므로 **종합 컨설팅 개념으로 접근해야 할 것이다.**

**자녀 교육비, 대출금 상환, 조기 은퇴 등에 대한 종합적인 상담을 통한 라이프 사이클 컨설팅을 진행해야 한다.** 전문직종사자는 이너 서클(동종 업종 간 우호단체)을 선호하므로 만약 상담이 만족스러운 경우 동종 업계 종사자 소개가 나올 수 있어 상담 시 많은 준비가 필요할 것이다.

이런 전문직종사자 재무설계를 할 경우 현재 자금 대출 및 필요 자금이 많기 때문에 유고 시 발생할 수 있는 리스크를 해결하고, 불의의 사고가 발생하지 않을 경우 그 자금으로 퇴직금 및 자금 활용을 할 수 있는 콘셉트로 접근하면 좋다.

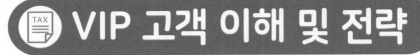

# VIP 고객 이해 및 전략

**법인사업자**인 경우 **법인자금 활용에 어려움을 겪고 있는 특징을 보인다.** 합법적인 **절세와 사업 운영 시 겪고 있는 문제 해결에 대한 니즈가 크므로** 제도 정비를 제시할 수 있는 컨설팅을 필요로 한다. 법인 사업자인 경우 활용할 수 있는 다양한 제도가 있음에도 불구하고 제도를 활용하는 방법 및 제도적인 내용을 준비하지 못한 경우가 많다. 따라서 자금 활용에 어려움을 겪을 만한 부분에 대해 이야기하면 법인 사업자 고객이 만족하는 상담을 진행할 수 있다.

**퇴직금 및 배당 등 법인 보수 활용 방안, 가지급금과 차명주식 해결방안, 기업부설연구소 및 특허권 활용** 등에 대한 것으로 컨설팅 방향을 잡으면 되겠다.

법인사업자에게 **CEO 플랜** 제안을 많이 하는데 계약자 및 수익자를 법인으로 하고 피보험자를 대표이사로 하는 보험 계약으로서 유족 보상금 제도 마련과 퇴직금 준비, 그리고 납입 보험료 비용 처리로 접근하면 되겠다.

법인 사업자 재무 설계 콘셉트

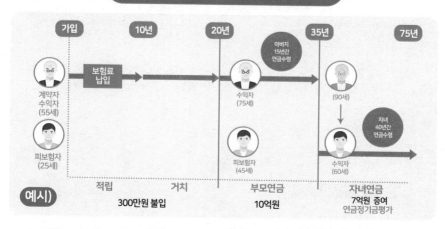

**임대사업자 재무 설계 콘셉트**

| 가입 | 10년 | 20년 | 35년 | 75년 |

- 계약자 수익자 (55세)
- 피보험자 (25세)

보험료 납입

아버지 15년간 연금수령

수익자 (75세)

피보험자 (45세)

(90세)

자녀 40년간 연금수령

수익자 (60세)

예시)

적립 / 거치 / 부모연금 / 자녀연금

300만원 불입 / 10억원 / 7억원 증여 연금정기금평가

• 「상속세 및 증여세법」 62조

▷ 계약자를 부, 피보험자를 자녀로 해서 연금을 가입하다가 부가 연금을 받고 중간에 상속 증여가 발생했을 때, 매년 3.5% 할인된 금액으로 상속&증여 세금 발생

▷ 연금을 활용하여 자녀에게 증여하는 경우 보험금을 매년 3.5% 할인한 금액으로 증여세 부과

※ 평가금액 = 증여받는 연금/$(1+3.5\%)^n$

**임대사업자**인 경우 부동산에 대한 선호도가 매우 높아서 재무 컨설팅 시 어려움이 있다. 하지만 최근 다세대 주택 보유자 및 **임대사업자인 경우 부과되는 세금이 높아지고 있어 절세에 대한 니즈가 매우 높다.**

또한 임대사업자 고객은 대체적으로 다른 소득자보다 연령이 높은 편으로 **자녀에게 상속 증여하고자 하는 니즈가 크다.**

최근 임대사업자관리감독시스템인 상가임대소득파악시스템, RTMS 등에 대해 적절하게 설명하면서 임대소득 관리가 쉽지 않음을 안내하고, **부동산과 더불어 금융 자산 비중을 늘려나가는 것이 필요함**을 안내해야 한다.

상속 및 증여 재원을 마련할 수 있는 금융상품 제안을 통해 고객의 니즈를 충족하는 것이 중요한데, **연금 정기금 평가를 활용한 방법으로** 접근하면 관련 내용에 대해서 긍정적인 반응을 얻을 수 있다.

#  고액자산가 절세 방안

자산관리사들이 자산가들을 만나 상담할 때 가장 중요한 것이 무엇일까? 영업의 대가들은 대부분 사고 싶도록 하는 기술보다 **살 수 있는 사람을 만나는 기술**이 중요하다고 이야기한다.

따라서 자산가들을 어떻게 만나는지
만나서 어떤 이야기를 해야 하는지가 중요하다.

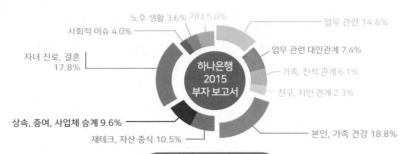

부자들의 고민

어떻게든 살 수 있는 사람을 만나서 그들이 관심을 가질 만한 이야기를 해야 한다. **하나은행에서 매년 발행하고 있는 '부자 보고서'**를 보면, 부자들의 고민 첫 번째는 건강, 두 번째는 자녀 진로, 세 번째는 사업, 네 번째는 재테크, **다섯 번째는 상속 증여**라고 한다. 따라서 자산관리사의 입장에서 금융 이야기만 하면 그들의 관심에서 조금 벗어날 수 있다. 금융 이야기만 하기보다 사업 이야기를 재테크나 상속 증여와 연결해서 이야기하는 편이 그들의 니즈를 충족시키는 데 유리하다.

| 매출 | 매입 | 관리 | 운용 | 양도 | 증여 | 상속 |

## 소득발생단계
◎ 소득 관리 방안
- 개인 소득세 이해
- 법인세 이해
- 미신고 소득 관리

◎ 소득 종류에 따른
세무 관련 체크 포인트

## 소득축적단계
◎ 자금출처 조사
◎ 자금 조달 계획
◎ 자금 명세서
◎ 혐의 거래 보고
◎ 고액 현금 거래 보고
◎ 금융 소득 종합 과세
◎ 자산 관리, 운용 방안

## 소득이전단계
◎ 사후 자금 관리
◎ 상속, 증여세
◎ 상속, 증여세 조사
◎ 부담부증여
◎ 양도 소득세
◎ 기업 승계 전략
◎ 상속 분쟁 방지 대책

## 고액자산가 재무설계

고액자산가들에게 재무설계를 할 때는 현재 소득이 발생하고 있는지 아니면 형성한 자금을 운영하여 부를 유지하고 있는지를 파악해야 한다. 그런 다음 자산가들이 필요로 하는 내용을 안내해주어야 하는데, 소득이 발생할 때는 개인사업자인지 법인사업자인지에 따라 세금 절약 플랜을 제시할 줄 알아야 하며, 소득을 관리하는 단계에서는 금융소득종합과세 및 자금출처 조사대상과 관련한 내용을 자산가들에게 잘 전달해야 한다. 자산가들에게 소득이 발생하는 시기에는 종합 과세 및 법인세가, 자산을 운영하는 시기에는 운용 자산에 따라 이자 소득세 및 양도세가, 자산을 이전하는 시기에는 상속 증여세 등이 발생한다. 항상 자산가들에게는 세금의 문제가 따라 다니는 것이다.

**따라서 자산가들의 특징과 더불어 세금에 대한 이해가 필요하다.**

**소득 발생**
종합과세
미신고소득
노출 위험

**자산 운영**
이자 소득세
부동산 양도세

**자산 이전**
증여&상속세
취득세

**늘리기(財테크)만큼 지키기(稅테크)가 중요하다.**

## 고액자산가 고민은 세금

# 고액자산가 절세 방안

자산가들의 자금을 양성화시키기 위해 과세당국은 다양한 제도를 마련하였는데 그 제도는 다음과 같다.

| 구분 | 주요 내용 |
|---|---|
| GIS 임대업 관리 시스템 | 국토 해양부 3차원 지리정보시스템(GIS)을 이용하여 임대 가격 비교 분석 |
| 소득지출분석시스템(PCI)<br>- 2010년부터 | 재산증가액(등기·등록 등 재산) + 소비지출액(해외, 신용카드) - 신고금액 = 탈루금액 |
| FIU 정보 확대 | 현행: 조세범칙혐의 확인을 위한 세무조사업무, 조세범칙사건(1년에 3% 활용)<br>개정: 확대 |
| 첨단 탈세 방지 센터(FAC) 운영<br>- 2011년부터 | 사이버 거래의 상시적 모니터링을 통한 변칙거래관리, 차명계좌 세무조사 역량 확대,<br>D/B 분석기법 개발, 문서 위변조 및 진위 여부 판독 감정기 도입 |
| 기업주 관리 프로그램 | 기업주의 재산변동, 소비수준 분석 프로그램 구축 |
| 전산 조사 프로그램(CIP) 활용 | 삭제파일 복구(Excel은 모두 복구), 삭제 전표 기록 복구, 외주저장매체 접속 기록 확인 |
| 적격 증빙 시스템 운용 | 신용카드, 세금 계산서, 지급 명세서 신고 기록과 총 비용 비교 |

## 지하 경제 양성화를 위한 국세청 프로그램

**PCI 제도**란 소득지출분석시스템으로 국세청에서 운영하는 관리감독 시스템이다.

만약 소득 대비 소비를 많이 하거나 자산을 많이 형성하게 되면 PCI 시스템을 통해 내용을 파악할 수 있게 된다. 실제로 [행상 판매를 하면서 평생 모은 돈으로 자신의 염원이었던 건물을 하나 샀는데 건물 산 지 얼마 되지 않아 세무조사를 받았다]라는 내용을 접한 적이 있다. 보통 개인사업자들은 업종에 따라 소득 신고를 과소하게 하거나 하지 않는 경우가 종종 있는데 이런 소득이 나중에 신고한 소득에 비해 많이 소비가 더 크거나 아니면 가치가 높은 부동산이나 차량을 매입하게 되면 국세청에서 바로 파악할 수 있다.

**고액현금제도**는 매일 2천만원의 이상의 금액 거래 시 금융정보원을 통해 국세청에 보고되는 제도이다. 예전에는 고액 금액이 5천만원 이상이었지만 자금시장 투명화를 위해 고액 기준을 대폭 강화해 2천만원 이상 입출금 거래가 있을 경우 국세청에 그대로 통보되고 있다. 따라서 고액자산가들은 입출금 시 이 제도의 취지와 내용을 이해하여 고액 현금 거래가 있을 경우 주의해야 할 것이다.

**최근 5년간 재산증가액**

◇ 부동산
◇ 주식
◇ 자동차, 회원권
◇ 기타 등기 재산
( 취득 - 양도 = 증가(감소)액)
◇ 금융재산
이자소득세 역산

\+

**최근 5년간 소비지출액**

◇ 카드, 현금영수증 사용액
◇ 해외체류(여행)비
◇ 해외 송금(유학 자금 등)
◇ 연말정산 간소화 정책 관련
정보(의료비, 보장성 보험료, 주택마련저축 등)

VS.

**최근 5년간 신고소득금액**

수입금액(매출액) - 필요경비
= 소득금액

◇ 신고소득금액은
소득금액 - 세금

**※ 2009.12.18. 10억원 이상 차이 나는 사업자 4만 명 탈세 혐의자로 분류함**
**※ PCI 시스템의 맹점 >> 금융 재산이 "사각지대"**
**※ PCI 시스템에 노출되지 않는 금융 재산은?**

## 소득지출분석시스템(PCI)

▷ 지하경제 양성화 방안
▷ 국세청 세무조사 요원 400명 증원 계획

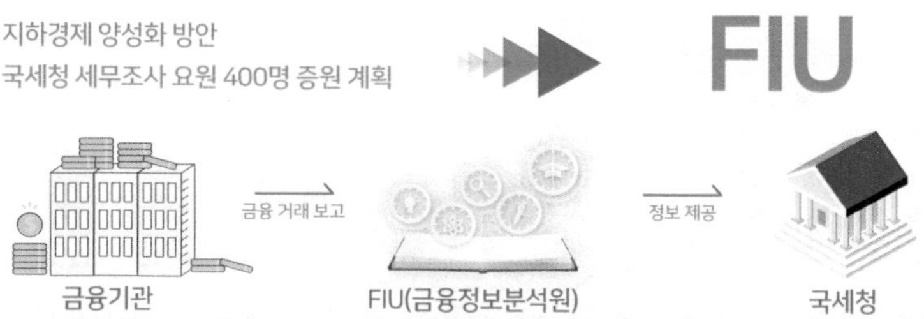

FIU
금융 거래 보고
정보 제공
금융기관
FIU(금융정보분석원)
국세청


| 구분 | STR(혐의 거래 보고) | CTR(고액 현금 거래 보고) |
|---|---|---|
| 정의 | 불법재산, 자금세탁행위 등의 의심스러운 금융 거래를 보고 | 보고 기준 금액 이상의 현금 거래를 보고하는 제도 |
| 보고 대상 | 의심스러운 금융 거래 | - 보고 기준 금액<br>동일인 1일 합계 2,000만원 이상<br>현금의 지급 또는 영수 거래, 창구 거래, 현금 자동 입출기 거래 등 |

## FIU 자료 국세청 오픈

2014년 차명거래금지법이 통과되면서 **차명 거래에 대한 불이익이 강화되었다.** 불법세탁 및 자금 은닉 목적으로 계좌 개설 시 5년 이하 징역 및 5천만원 이하의 벌금이 부과된다. 다만 이 법은 **계좌에 한해서 적용**된다. 보험상품의 경우 계좌가 아니라 계약이므로 차명거래 금지목록에서는 제외되었다. 보험 차명 가입은 형사 처벌 대상이 아니지만 이 경우 세법상 증여세는 납부해야 한다.

# 고액자산가 절세 방안

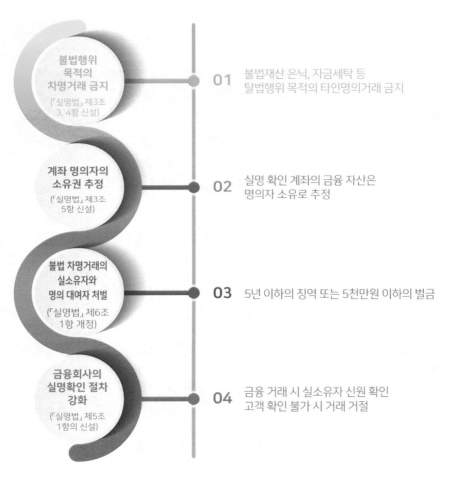

**불법행위 목적의 차명거래 금지**
(「실명법」제3조 3, 4항 신설)

**01** 불법재산 은닉, 자금세탁 등 탈법행위 목적의 타인명의거래 금지

**계좌 명의자의 소유권 추정**
(「실명법」제3조 5항 신설)

**02** 실명 확인 계좌의 금융 자산은 명의자 소유로 추정

**불법 차명거래의 실소유자와 명의 대여자 처벌**
(「실명법」제6조 1항 개정)

**03** 5년 이하의 징역 또는 5천만원 이하의 벌금

**금융회사의 실명확인 절차 강화**
(「실명법」제5조 1항의 신설)

**04** 금융 거래 시 실소유자 신원 확인 고객 확인 불가 시 거래 거절

※ 보험상품은 차명거래금지대상 제외: 불법 차명 거래 금지 대상 상품을 '계좌' 기반으로 국한
보험은 계좌가 아니라 계약 기반 상품으로 차명 거래 금지 목록에서 빠짐
보험 차명 가입은 형사처벌 없음, 세법상 증여세는 납부해야 됨

## 「차명 거래 금지법」[2014.11.29. 시행]

연령 증가, 자산 규모의 변동에 따라
단계별 자산 관리 전략이 필요하다!

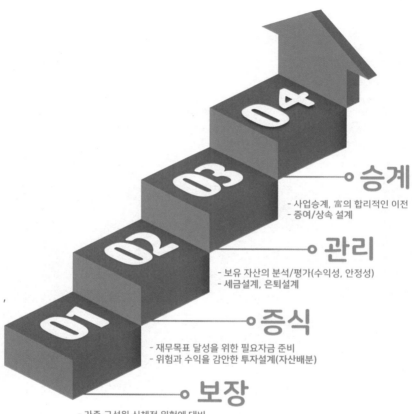

단계별 자산 관리 전략

**자산가들의 사업체 형태 및 자산관리 단계를 파악하여**

보장에서부터 사업 승계까지 자산가들이
필요로 하는 재무설계를 할 수 있어야 한다.

#  개인사업자의 세금 이해

2018년 이후부터 소득세율이 종전 38%에서 **최고 42%까지** 늘어났다. 고소득 개인사업자인 경우 세율이 **많게는 5% 이상 증가**했다고 볼 수 있다. 「소득세법」 개정과 더불어 개인사업자 관리감독 규제 중 변경된 제도는 성실신고확인제도이다.

| 구분 | | 농업, 도소매업 등 | 제조업, 건설업 등 | 개인서비스업 등 |
|---|---|---|---|---|
| 현행 | | 20억원 이상 | 10억원 이상 | 5억원 이상 |
| 개정 | 2018~2019년 이후 | 15억원 이상 | 7.5억원 이상 | 5억원 이상 |
| | 2020년 이후 | 10억원 이상 | 5억원 이상 | 3.5억원 이상 |

## • '성실신고확인제도' 적용 대상 확대

▷ 가공경비 계산 등 불성실 신고에 대한 검증 강화를 위해 성실신고 확인 대상 개인사업자의 범위를 단계적으로 확대

▷ 소규모 법인 등에 대한 세원 관리 강화를 위해 성실신고 확인대사에 일정 요건에 해당하는 법인(외감법인 제외)을 추가 ※ 성실신고확인제도 대상인 개인사업자가 법인 전환 후 3년 이내인 법인, 부동산임대, 이자, 배당소득이 주업인 법인(지배주주 지분 50% 초과)

▷ 성실신고 확인에 따른 납세협력비용 경감을 위해 성실신고 확인비용 세액 공제 한도(60%)를 상향 조정 (100만원 → 120만원)

## 성실신고 대상자 확대

**성실신고제도**는 말 그대로 **개인사업자가 일정 소득 이상인 경우 성실하게 신고하는 제도**이다. 2012년부터 시행되면서 개인사업자를 관리감독해왔다. 관련 규정이 2018년부터 2020년까지 점차 강화되고 있다. 일정 소득 이상인 업체는 성실신고대상이 되어 소득신고를 5월과 6월에 걸쳐 신고를 하게끔 하는데, 만약 성실하게 신고하지 않을 경우 세무대리인까지 연대책임을 지우겠다는 의미도 포함되어 있다. 성실신고확인제도는 개인사업자가 법인으로 전환할 경우에도 3년간 관리감독하는 내용을 포함하고 있다.

개인사업자들에게 세재혜택이 있는 금융상품은 **단체보험 및 노란우산공제, 연금저축** 등이 있다. 하지만 고소득 개인사업자에게 2017년 이후부터 공제 혜택이 일부 축소되었는데, 노란우산공제 경우 300만원 소득공제였지만 총 급여 소득금액이 1억이 초과하는 경우 공제한도가 **200만원**으로 줄어들었다. 연금저축 또한 소득금액이 1억 초과할 경우 공제한도가 400만원에서 **300만원**으로 축소되었다.

## 변경된 세법으로 인해 고소득 개인사업자인 경우 세금을 더 납부해야 한다.

• 「소득세법 시행령」 제38조 제1항 제12호

▷ 종업원의 사망, 상해 또는 질병을 보험금의 지급사유로 하고 종업원을 피보험자와 수익자로 하는 보험으로서 만기에 납입보험료를 환급하는 보험의 보험료 중 연 70만원 이하의 금액에 대해서는 근로소득세를 과세하지 않음

### 단체보험 비용처리 법적근거

| 2017년도 이전 | 수정안 |
|---|---|
| 300만원<br>한도 소득공제 | 4천만원 미만 500만원<br>4천만~1억원 300만원<br>1억원 초과 200만원<br>한도 소득공제 |

### 노란우산공제혜택(2017.1.1. 변경)

| 2017년도 이전 | 수정안 |
|---|---|
| 공제한도 400만원<br>공제율 15%<br>(총 급여 5,500만원 또는 종합소득금액<br>4천만원 초과자 12%) | 공제한도 400만원<br>(단, 총 급여 1.2억원 또는 종합소득금액<br>1억원 초과자 300만원) |

### 연금계좌세액공제(2017.1.1. 변경)

# 🧾 개인사업자의 세금 이해

고소득 사업자인 경우 세재금융상품 혜택도 줄어들고 관리감독도 강화되다 보니 개인사업자들이 어려움을 겪을 수 있다.

## 이런 경우 법인 전환도 고려해 보아야 한다.

개인은 소득세율이 42%이지만 법인 중 세율이 2억 이하인 경우는 10%, 2억에서 200억 이하인 경우는 20% 세율이기 때문에 **세율이 절반 이상 줄어든다.**

많은 사업자들이 법인으로 전환할 경우 개인사업자일 때보다 자금을 원활하게 사용하지 못한다고 이야기하는데, 법인자금 활용 부분은 9장, 10장에서 자세히 설명하겠다. 개인사업자가 법인으로 전환 시 **사업양수도 및 현물출자를** 고려해볼 수 있는데, 상황에 맞는 적절한 내용을 이해하고 안내해주어야 할것이다.

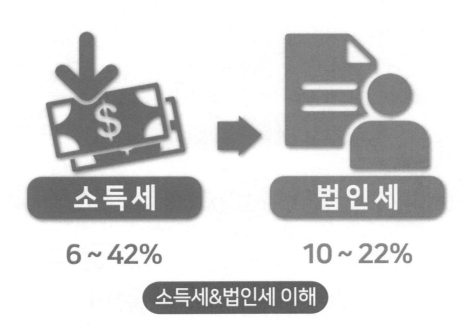

**소득세**

6 ~ 42%

**법인세**

10 ~ 22%

소득세&법인세 이해

| | 사업양수도 | 현물출자 |
|---|---|---|
| 전환절차 | 전환절차가 비교적 간단(구매) | 절차가 복잡 (감정, 법원 인가) |
| 소요기간 | 절차가 간단하여 전환기간이 짧음 | 절차가 복잡하여 전환기간이 긺 |
| 자금부담 | 자본금을 현금으로 출자하여 부담 | 현물로 출자하기 때문에 부담 없음 |
| 소요비용 | 비교적 전환비용이 저렴 | 현물 평가 등으로 인하여 비용 발생 |
| 조세혜택 | 세무상 이월과세 혜택 있음 | 세무상 이월과세 혜택 있음 |

## • 이월과세란?

▷ 개인 기업주가 법인에게 자산 양도 시 양도소득세를 과세하지 않고, 자산을 양수(현물출자)받은
법인이 이후에 당해 자산을 양도 시 당초 개인이 납부하여야 할 양도세 상당액을 법인세로 납부

## 사업양수도&현물출자

# 법인사업자 컨설팅

하나은행에서 매년 발행되는 부자 보고서를 살펴보면 우리나라에서 소득이 가장 높은 사람은 **법인 회사 CEO들이다. 따라서 법인 회사의 임원들이 무엇에 관심이 있는지 내용을 잘 살펴보아야 한다.**

법인사업자 컨설팅은 법인 창업부터 정관 및 제도정비, 그리고 인수합병까지 다양하고 **아주 많은 내용을 담고 있다.** 따라서 법인컨설팅을 어설프게 이해해서 접근하면 안 되며 준비한 내용을 완벽하게 숙지해야 한다. 법인 컨설팅을 크게 4분류로 나누면 **회사운영리스크, 회사가치평가, 임원보수규정, 제도정비** 등으로 나눌 수 있다.

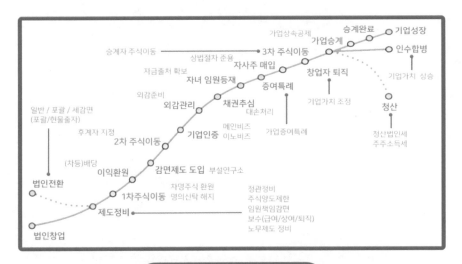

## 소득세&법인세 이해

### • 가지급금이란?

▷ 실제 현금의 지출은 있었지만 거래 내용이 불분명하고, 거래가 완전 종결되지 않아 계정 과목이나 금액이 미확정인 경우에 그 지출액에 대해 일시적으로 표시하는 과목

| 가지급금 인정이자 | - 가지급금 대표자 상여로 간주, 인정이자 발생 |
|---|---|
| | - 근로소득세 증가, 4대 보험료 증가 |
| | - **가중평균 차입이자율** or 당좌대출이자율(12년 기점 8.5%/ 6.9%) |
| | - 인정이자가 복리로 늘어남 |
| 인정이자익금산입<br>가지급금손금불산입 | - 업무무관 가지급금에 대한 인정이자익금산입 대상 |
| | - 가지급금은 손금불산입으로 법인세 증가 |
| 은행거래 신용도 평가 | - 은행거래시 신용도 평가에서 불리한 요소로 작용 |
| | - 거액의 가지급이 있는 경우 중요한 평가지표로 작용 |
| 과세당국 불신 | - 개인의 부당한 사용액으로 보아 상여처분의 리스크 |
| 비상장주식가치 증가요인 | - 가지급금은 채권으로 분류되나 회수 가능성은 의문 |
| | -채권 요소 낮음에도 자산가치로 가중되어 주식가치 증가요소 |
| 평생지급의무 | - 가지급금은 회사 파산 시에도 가지급금을 지급할 의무 가지고 있음 |
| 배임 및 횡령혐의 | - 업무무관 가지급금 사용으로 주주들에게 피해를 줬다고 판단될 경우<br>형사조치 가능 |

# 가지급금이 가져오는 불이익

법인 컨설팅 때의 법인 리스크 중 하나가 **가지급금이다.** 법인을 운영하면 개인사업자처럼 대표가 자금을 마음대로 사용할 수 없다. 법인사업자가 법인 자금을 가져올 때는 합법적으로 급여 및 상여금 또는 퇴직금 및 배당금으로만 사용해야 하는데, 이외의 용도로 법인 자금을 사용하면 가지급금이 된다. 법인사업자가 자신의 이익을 목적으로 사용하는 경우도 있지만 접대비나 인건비 등 사업상 목적으로 사용되었지만 뚜렷한 출처를 밝힐 수 없을 경우에도 가지급금으로 분류된다. 이런 금액이 쌓이면 회사 입장에서는 향후 엄청난 문제가 발생할 가능성을 가지는 것이다.

가지급금이 발생할 경우 금융기관 및 과세당국 불신은 물론 법적인 제재도 받을 수 있으며, 회사 운영 시 인정이자만큼 경영자가 상환해야 하는 부채가 늘어나기 때문에 여러 가지 문제가 발생할 수 있다.

## 따라서 가지급금은 초기에 해결해야 한다.

발생 원인

# 법인사업자 컨설팅

법인 회사 가치를 평가할 때 기준을 자본금으로 해야 할지, 매출액으로 해야 할지, 부동산 가치로 해야 할지, 특허 등 무형자산으로 해야 할지 의문이 생긴다. 법인인 경우 주식회사 형태이면 주식 가치로 회사를 평가할 수 있다. 주식가치 평가에서는 상속 및 증여 문제도 발생할 수 있으니 가치평가구조를 제대로 이해해야 한다.

법인 설립 시 주당액면가가 5천원인 주식이 있는데 현재 가치로 평가해보니 50만원이라고 해보자. 이러할 경우 우리나라에서 가장 높은 세금이 상속증여세율인데 세금 문제 및 회사운영에도 문제가 생긴다.

주식가치는 3회계년도 기준으로 일반기업은 순수익(당기 순이익) 60% 순자산의 40%로 해서 가중평균을 한다. 단, 직전년도 순수익(당기 순이익)을 3배수, 직직전년도는 2배수, 직직직전년도는 1배수로 계산해서 가중평균한다. 즉, **직전년도 순수익이 높은 경우 주식 가치가 높아진다.**

부동산 과다 법인인 경우 순수익(당기 순이익) 40% 순자산 60%로 해서 가중평균을 하는데, 비상장주식평가법이 개정되어 2018년 4월 이후에는 순자산 80% 계산한 값이 더 큰 경우 순자산 80% 가치로 평가한다.

$$\text{1주당 평가액} = \frac{\text{1주당 순손익가치} \times 3 + \text{1주당 순자산가치} \times 2}{5}$$

비상장주식 평가

| 재무상태표 | | 손익계산서 | |
|---|---|---|---|
| **일정시점**<br>자산, 부채, 자본 파악 | | **일정기간**<br>**수익 및 비용을 파악**<br>(매출액, 영업이익, 당기순이익) | |
| 자산 = 부채 + 자본<br>부채↓ 자본↑ 선호↑ | | 매출액 - 매출원가 - 판관비<br>= 영업이익<br>영업이익 - 영업외손익-세금<br>= 당기순이익 | |

| | | | |
|---|---|---|---|
| 1. 법인등기부등본 주요기재사항과 정관일치 여부(등기) | | 11. 임원보수규정의 적절성(급여/상여/퇴직금) | 임의(세법) |
| 2. 전자공고 규정 (등기) | 상법289 ③ | 12. 임원복리후생규정의적절성(유족보상금/비과세급여 등) | 임의(세법) |
| 3. 실무임원에 대한 규정 | 임의 | 13. 주금납입에 대한 상계처리규정 | 상법4221 |
| 4. 주식양도제한 규정 (등기) | 상법335① | 14. 차등배당 | 임의 |
| 5. 중간배당규정 | 상법462③ | 15. 명의개서대리인 | 상법337② |
| 6. 제 3자 배정규정 | 상법418② | 16. 무기명, 무액면주식 발행 | 상법357① |
| 7. 자기주식 관련 규정 | 상법341(임의) | 17. 종류주식 발행 | 상법334,346 |
| 8. 이익소각규정 | 상법343① | | |
| 9. 스탁옵션규정 (등기) | 상법340조② | | |
| 10.스탁그란트규정 | 임의 | | |

## 정관 체크리스트

법인 회사 임원보수규정이나 상태를 이해하려면 **정관 및 재무제표를 파악해야 한다.** 재무제표를 통해 가지급금 여부와 임원의 보험 및 퇴직연금 가입 여부를 파악할 수 있으며, 주식가치평가 등 다양한 정보를 얻을 수 있다.

재무제표는 크게 **재무상태표(구 대차대조표)**와 손익계산서, 현금흐름표가 있는데 재무상태표는 현재 재산 상태를 파악하는 것이며 손익계산서에서는 회사의 수입, 지출 내용을 알 수 있다. 현금흐름표로는 영업활동, 재무활동, 투자활동을 파악할 수 있는데 자산이 70억 이상이면 의무적으로 작성해야 하지만 소규모 기업인 경우 현금흐름표가 없는 경우가 많다. 정관은 회사의 자체적으로 정한 법규인데, 정관에 임원보수규정 및 회사운영내용(스톡옵션, 이사회, 주주총회, 임원보수규정 등)을 정할 수 있다.

### 따라서 재무제표 및 정관을 제대로 이해해야
### 회사에 맞는 컨설팅을 할 수 있다.

임원보수규정에 대해서는 다음 챕터 'CEO 플랜'에서 설명하겠다.

# 📄 CEO 플랜

CEO 플랜은 주로 보험상품을 이용하여 **임원의 법인 자금 활용 방법을 제시하는 내용이다.** '법인'의 '인'은 '사람 인 자(人)'로 과세당국에서는 대표자와 별도로 개별 주체로 인식하고 있다. 따라서 과세당국은 법인 단독적으로 **법인세**라는 세금을 부과하고 있는데, 이런 법인 자금은 대표자들이 함부로 운영해선 안 된다. 그렇기 때문에 대표자들은 법인 자금을 잘 운영해야 하는데, 법인의 자금을 합법적으로 대표자가 가져올 수 있는 방법은 크게 3가지로, **급여와 배당, 퇴직금**이다.

세 가지 자금을 법인을 통해 가져올 때는 각자의 세금이 부여된다. **급여 및 상여금**은 근로소득으로서 금액에 따라 **최고 42% 종합소득세가 부과된다.** **배당**은 대표자들이 대부분 지분을 들고 있는 주주이기에, 회사 순익에 관해서 배당을 가져올 수 있는데, 배당은 금융소득으로 **2천만원 한도까지 14% 세금이 부여되지만 2천만원 초과 시 종합소득세가 부과된다.** 현재 많은 금액을 가져오는데, 상대적으로 낮은 세율이 적용되는 세금은 **퇴직금**이다. 퇴직세율이 2016년에 개정되어 점차 늘어나고 있긴 하지만 **상대적으로는 낮은 세율**이라고 볼 수 있다.

## CEO 플랜의 이해

법인 → 급여 배당 퇴직금

### • CEO 플랜이란?

▷ 임원퇴직금의 지급을 위한 재원마련의 수단으로써 보험계약을 이용하는 것이다.
　특히 비과세 혜택과 비용처리 부분에서 많이 활용되고 있다.

| 과세표준 | 세율 | | |
|---|---|---|---|
| 1,200만원 이하 | 6 % | 2000만원 미만은 14%<br>2000만원 초과 부분은<br>종합과세로 금액에 따라<br>6~42% 과세 | 퇴직금은<br>종합과세 하지 않고<br>분류과세를 원칙으로 하면서<br>근속연수 공제 및<br>금액에 따라<br>35% 공제를 적용하면<br>많은 세제 혜택을<br>받고 있는 상황이다. |
| 1,200 ~ 4,600만원 | 15 % | | |
| 4,600 ~ 8,800만원 | 24 % | | |
| 8,800 ~ 1억 5000만원 | 35 % | | |
| 1억 5000만원 ~ 3억원 | 38 % | | |
| 3억 ~ 5억 / 5억 ~ | 40% / 42% | | |
| 급여, 상여금 | 급여, 상여금 | | 퇴직금 |
| 세율<br>6~42% | 세율<br>14% | | 세율<br>8~18% |

법인의 자금을 CEO 자금으로 이전할 경우 많은 금액을 낮은 세율로
가져올 수 있기 때문에 퇴직금을 활용한 CEO 플랜을 많이 사용한다!

## CEO 플랜의 목적

# CEO 플랜

## • CEO 플랜 보험료의 손금처리 (서면2팀 - 1631, 2006.8.28.)
▷ 법인이 피보험자를 임원(대표이사 포함) 또는 종업원으로, 수익자를 법인으로 하여 보장성 보험과 저축성 보험에 가입한 경우, 법인이 납입한 보험료 중 만기 환급금에 상당하는 보험료는 자산으로 계산하고, 기타의 부분은 이를 보험 기간의 경과에 따라 손금에 산입하는 것을 말한다.

### • 손금처리 요약

| 저축성보험 | | → | 소멸보험료만 손금인정 |
|---|---|---|---|
| 보장성 보험 | 만기환급형 | | |
| | 순수보장성 | → | 전액손금인정 |

## CEO 플랜 비용처리

이런 퇴직금 재원을 마련하는 것이 CEO 플랜의 목적이다. 생명보험회사에서 이야기하는 CEO 플랜은 퇴직금재원을 마련하기 위해 생명보험상품을 이용하는 것이고 생명보험상품의 특징인 보장을 가입 기간 동안 누리면서 매월 결제되는 보험료를 비용처리하는 방법이다. 여기서 많은 대표들이 CEO 플랜을 이용할 때 비용처리가 되느냐는 질문을 한다. 법인이 내는 납입 보험료에 따른 손금처리에 관한 규정을 보면 저축성보험과 만기환급형 상품은 소멸보험료만 비용처리하고, 저축 부분은 자산으로 잡는데 순수보장성상품은 전액 비용처리를 해도 된다고 되어 있다. 단, 법인세법상 비용처리 원칙은 순자산을 감소시키는 거래이면서 일반적으로 인정되는 수익과 직접적인 관계가 있어야 한다. 즉, 업무연관성, 수익연관성, 과다지출이 아닌 것으로 정리할 수 있다.

## • 임원퇴직금한도(「소득세법」 22조 3항)
▷ 임원의 퇴직소득금액(2012.1.1. 이후 근무 기간에 해당하는 금액)이 다음 산식에 따라 계산한 금액을 초과하는 금액은 근로소득으로 본다.

퇴직일 이전 3년간 연평균 급여 X 1/10 X 근로연수 X 3배
### 평균연봉의 3배수

## 정관변경 - 퇴직금

- **소득세 비과세(「소득세법」 12조 3항)**
  ▷ 근로의 제공으로 인한 부상, 질병, 사망과 관련하여 근로자는 그 유족이 받는 배상, 보상, 위자의 성질이 있는 급여

  **정관의 명시한 금액**
  **평균임금의 1,500 ~2,000일 정도**

- **상속세 비과세(「상증세법」 10조 5호)**
  ▷ 근로자의 업무상 사망으로 인하여 근로기준법 등을 준용하여 사업자가 그 근로자의 유족에게 지급하는 유족보상금 또는 재해보상금과 그 밖에 이와 유사한 것

## 정관변경 - 유족보상금

그분의 유고 시는 회사에 큰 리스크이다. 그래서 임원 대상 유족보상금을 업무와 수익연관성으로 볼 수 있다. 통상 임원 대상 유족보상금을 평균임금의 1,500일에서 2,000일 정도 정관에 정해 놓으면 그 금액에 해당하는 보험료를 비용처리할 수 있다. (보수적으로 장의비 120일 + 유족보상금 1,300일을 합쳐1,420일로 정해 놓는 경우도 많다.) 그리고 퇴직금 규정도 정해 놓아야 한다. 임원은 직원과 달리 퇴직금에서 혜택을 볼 수 있다. 즉, 직원 퇴직금 수준의 3배 정도 되는 자금을 합법적으로 가져올 수 있다. 이 내용도 정관에 표시되어 있으면 좋다.

**이런 유족보상금 규정과 퇴직금 규정이**
**정관에 표시되어 있으면**
**비용처리의 법적 근거가 될 수 있다.**

- **생명보험을 활용한 비용처리 실무**
  ▷ 만기환급액이 존재하는 종신보험을 납입 기간 동안에는 비용처리하고 환급액이 돌아오는 시기에 자산으로 처리되어 세금이 과세될 수 있으나 그 시기에 퇴직금 처리로 비용처리를 하면 종신보험을 납입 기간 동안 비용처리할 수 있다.

비용처리

유족보상금
활용

퇴직 또는
퇴직금 중간 정산

퇴직금
비용처리

- **퇴직금 중간정산 사유**
  ▷ 천재지변
  ▷ 1년 이상 무주택자 주택 구입
  ▷ 3개월 이상 요양(가족 포함)

Part 3

저축

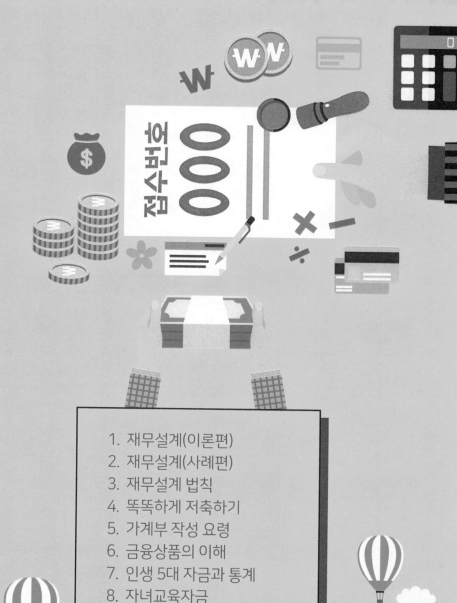

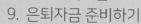

# 재무설계(이론편)

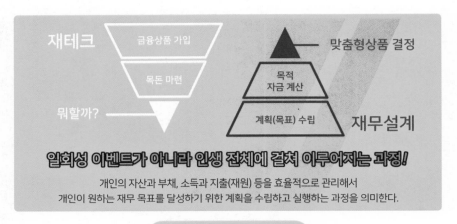

재테크

금융상품 가입

목돈 마련

뭐할까?

맞춤형상품 결정

목적
자금 계산

계획(목표) 수립

재무설계

**일회성 이벤트가 아니라 인생 전체에 걸쳐 이루어지는 과정!**

개인의 자산과 부채, 소득과 지출(재원) 등을 효율적으로 관리해서
개인이 원하는 재무 목표를 달성하기 위한 계획을 수립하고 실행하는 과정을 의미한다.

## 재테크와 재무설계

**재무설계**는 재테크와 비슷한 의미로 사용되지만 사실 조금 더 포괄적인 의미를 내포하고 있다.
재테크는 금융상품 선택 자금 운용의 주요 목적이며, 재무 목적이 불분명하여 자금의 사용도가
정해지지 않은 형태이다. 하지만 재무설계는 재무목표를 먼저 설립하여 필요한 자금을
계산하고 최종적으로 본인에게 맞는 맞춤형 상품을 선택하는 형태를 의미한다.

재무설계는 금융 선진국이라 할 수 있는 미국에서 우리나라로 유입된 재무적인 내용으로 미국에서는
대부분 재무설계사를 통해 자산관리를 하고 있다. 특정한 금융기관의 금융상품을 관리받는 것이
아니라 은행, 증권, 보험 회사 상품을 종합적으로 관리받으면서 본인의 재무목적을 달성하고
있다.

**재무
설계**

| ▶ 집과 임대수익 | 부동산 설계 |
| ▶ 우리 아이 교육 | 교육 설계 |
| ▶ 결혼자금 | 목돈 마련 |
| ▶ 보장자산, 치료비보장 | 위험 설계 |
| ▶ 주식, 채권 | 투자 설계 |
| ▶ 노후 | 은퇴 설계 |
| ▶ 증여, 상속 | 세금 설계 |

재무목표 설정은 매우 중요하다. 1968년 예일대 학생을 대상으로 인생의 목표가 있는지 파악했는데 [100명 중 5명이 정확한 인생의 목표가 있다라고 응답했고, 35년 후 그들의 생활을 비교해보니 정확한 재무 목적이 있는 5명이 나머지 사람들의 재산을 모두 더한 것보다 많았다]라고 한다. 인생의 재무 목적이 있는지 여부는 향후 얼마나 그 사람이 부유하게 살 수 있는지를 정하는 초석이라고 할 수 있다.

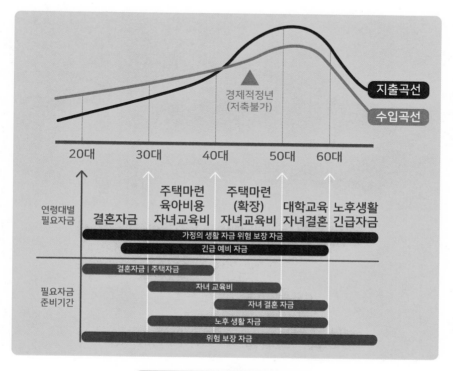

## Life Cycle과 수요곡선

인생을 살아가면서 필요한 자금들이 있다. 대표적으로 20, 30대에는 결혼자금, 결혼 후에는 주택마련과 자녀양육 비용, 40대에는 주택확장 및 자녀교육 비용, 50대 이후에는 자녀결혼 및 본인노후생활 비용이 필요하다. 이런 필수 자금을 계획없이 준비하면 자금 문제로 낭패를 볼 수 있다.

## 따라서 계획적인 재무 목표 설정과
## 그에 따른 계획이 꼭 필요하다.

# 🐷 재무설계(이론편)

재무목표를 세웠으면 저축에 앞서 본인의 생활비가 얼마나 되는지 파악해야 한다. 저축을 하기 어려운 이유 중 하나가 자신의 소득에서 일정한 소비를 하고, 남는 금액으로 저축을 하려 하기 때문이다. 이 경우 돈이 부족할 수밖에 없다. 추천하는 저축 방법은 본인이 정한 저축 금액을 빼고 남는 금액으로 소비를 하는 것이다. 따라서 한 달에 얼만큼 지출이 발생하면 본인에게 적절한지, 지출 비율을 정해야 한다.

| 500만원 | | | 500만원 | |
|---|---|---|---|---|
| 소비 | 450만원 | < | 저축 | 100만원 |
| 저축 | 50만원 | | 소비 | 400만원 |

## 생활비 통제

### 상황에 따라 다를 수 있지만
### 소득의 30~50% 정도를 고정지출로 잡는 것을 권장하고 있다.

## 생활비 통제를 잘하기 위해서는
# 통장 쪼개기를 하면 효과적이다.

급여를 받으면 한 달에 필요한 자금을 정해 생활비 통장으로 이체하고 나머지는 저축통장에 저축을 한다. 혹여나 생각지 못한 자금 지출이 발생할 경우 비상예비자금에서 인출해서 쓰면 생활비 통제와 함께 일정한 저축을 할 수 있다. 저축하기 전 비상예비자금마련이 우선적으로 이뤄져야 하는데 비상예비자금은 생활비의 3개월에서 6개월 정도를 축적해 놓아야 한다.

**월급 통장**
월급이 들어오는 통장, 각종 공과금, 보험료, 대출금 등 고정 지출이 이뤄지는 통장, 주거래 은행의 통장

생필품, 외식비, 의류비 등 변동 지출을 위한 통장, 체크카드 활용 **소비**

투자자금을 모아두는 통장 적금이나 펀드를 가입할 경우 투자통장에서 이체 **투자**

비상시를 위한 통장, 월급의 3~6배가 적절 CMA, MMF 등을 활용 **비상금**

### 통장 쪼개기

예상치 못한 큰 비용이 발생하면 저축하기가 힘들 수 있다. 비상예비자금으로 예상치 못한 자금 유출에 대비했지만 불의의 사고나 질병으로 일을 하지 못하는 경우 단기간이 아닌 장기간 자금 유입이 끊어질 수 있다. 이런 경우를 대비할 수 있는 상품이 보험인데 보험상품 가입을 잘하는 것도 저축을 잘하는 방법 중 하나이다. 보험료 는 생활비의 15%를 넘지 않는 수준을 유지하며, 생명보험과 손해보험의 장단점을 잘 파악하여 최소한의 비용으로 최대한의 보장을 받을 수 있게 준비하는 것이 중요하다.

|  | 보험료 | 보장 |
|---|---|---|
| **BAD** | 증가 | 고정 |
| **NORMAL** | 고정 | 고정 |
| **GOOD** | 고정 | 증가 |

### 좋은 보험 고르기

# 재무설계(이론편)

| 보장성 보험 가입 방법 | | | | | |
|---|---|---|---|---|---|
| 보험 종류 | 사망 | 진단 | 수술 | 입원 | 통원 |
| | 일반\|암\|재해\|교통 | 암\|뇌졸중\|심근경색 | 암\|질병\|재해 | 암\|질병\|재해 | 긴급\|골절\|화상 |
| 생명 보험 | O | | O | | |
| 손해 보험 | | O | | O | O |

\* 보험사 및 보험상품별 차이가 있을 수 있습니다.

## 보장성 보험 가입

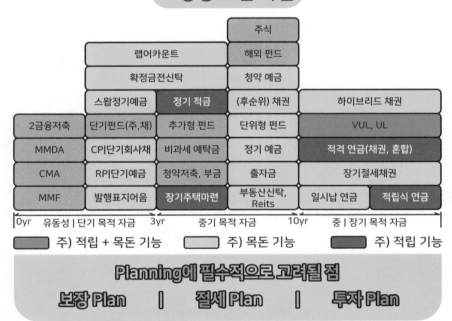

| | | | 주식 | |
|---|---|---|---|---|
| | 랩어카운트 | | 해외 펀드 | |
| | 확정금전신탁 | | 청약 예금 | |
| | 스왑정기예금 | 정기 적금 | (후순위) 채권 | 하이브리드 채권 |
| 2금융저축 | 단기펀드(주,채) | 추가형 펀드 | 단위형 펀드 | VUL, UL |
| MMDA | CP\|단기회사채 | 비과세 예탁금 | 정기 예금 | 적격 연금(채권, 혼합) |
| CMA | RP\|단기예금 | 청약저축, 부금 | 출자금 | 장기절세채권 |
| MMF | 발행표지어음 | 장기주택마련 | 부동산신탁, Reits | 일시납 연금 · 적립식 연금 |

| 0yr 유동성 \| 단기 목적 자금 | 3yr 중기 목적 자금 | 10yr 중 \| 장기 목적 자금 |

주) 적립 + 목돈 기능    주) 목돈 기능    주) 적립 기능

## Planning에 필수적으로 고려될 점
## 보장 Plan  |  절세 Plan  |  투자 Plan

## 효과적인 저축

재무목표를 세우고 생활비 통제와 효과적인 저축 방법을 배웠으면 마지막으로 해야 하는 것이 좋은 금융상품을 선택하는 것이다. 금융상품은 재무 목적과 기간에 따라 효과적으로 저축할 수 있는 금융상품이 있다.

**단기저축**은 비상예비자금과 여행 등 3년 이내 사용할 자금을 저축하는 것인데 적절한 금융상품은 CMA와 은행 및 제2금융권 예적금을 들 수 있다.

**중기저축**은 3년 이상 10년 미만 자금으로 다양한 금융상품이 있지만 대개 수익성을 추구하는 상품이다. 수익성을 추구하는 상품 중 대표적인 것이 펀드인데 펀드상품을 고를 때는 적립식투자와 분산투자, 장기투자, 분할투자, 간접투자를 활용하면 성공적인 투자 결과를 얻을 수 있다.

**장기저축상품**은 10년 이상 목적 자금을 만들기 위해 선택하는 금융상품으로써 주로 보험사 상품이 많은 편이다. 이는 10년 이상 저축할 경우 복리 효과와 더불어 비과세 혜택을 볼 수 있는 상품 중 보험상품이 효과적이기 때문이다.

보험상품도 변액연금 및 변액유니버셜, 연금저축 등 다양한 상품이 있으니 상품에 대해서 정확하게 이해하고 본인에게 맞는 금융상품을 선택하는 것이 바람직하겠다.

## 재무설계(사례편)

### 실제 재무설계 사례를 통해
## 재무설계 프로세스를 알아보자.

한 가정의 재무설계를 진행할 때 그 가정의 재무상태를 파악하기 전 재무목표가 있는지 먼저 확인해야 한다. 자산관리사는 고객이 왜 재무설계를 받고 싶은지, 재무설계를 통해 어떤 재무목표를 이루고 싶은지를 파악해야 하는 것이다. 그러고 나서 확인해야 하는 내용은 그 가정의 재무상태와 현금흐름이다.

재무상태표를 통해 현재 시점의 부채, 순자산(자본), 자산(부채+자본)을 파악할 수 있다. 현재 부채비율이 적절한지, 비상예비자금이 모여 있는지, 전체 자산규모가 소득 기간 및 금액 대비 적절한지, 부동산과 금융자산 비율이 적절한지 파악한다.

부채비율은 전체 자산의 40%를 넘지 않는 것이 중요하며, 비상예비자금로 생활비의 3개월 이상 금액이 준비되어야 한다.

### ◆ 재무목표
- 대출금 상환
- 사업자금 준비(1억, 5년 후 5천만원 자금 유입)
- 보장분석

| 부채비율 | 총 부채/총 재산 | 비상예비자금 | 수시입출금자금 |
|---|---|---|---|
| 8% | 적정 40% 이하 | 준비 안 됨 | 3개월 생활비 |

| 부동산비율 | 부동산자산/총 자산 | 투자자산비율 | 투자자산/총 자산 |
|---|---|---|---|
| 93% | 적정 60% | 0% | 10% 이하 |

▷ 사회 진출 시기: 28세
▷ 현재 나이: 45세
▷ 평균 급여: 250만원

**만약, 매달 50% 저축했다면**
**25,500만원이 모였다!**

▶ 현재자산 -1억 5천만원
▶ 대출금 -1천 2백만원

현금흐름을 파악할 때 지출항목을 단순화해서 표시하는 것이 좋다. 예를 들어 식대 및 생활용품 구입 등은 생활비 항목으로 표시하고 전기세, 통신료 등은 공과금 항목으로 표시해서 전반적인 현금흐름을 파악을 해야 한다. 너무 자세히 표시하면 현금흐름 관리의 문제점을 파악하기가 어려울 수 있다. 현금흐름은 크게 고정지출과 변동지출로 나눌 수 있다. 현금흐름을 파악하면 새는 돈이 파악이 되는데, 새는 돈은 변동지출 중 계획 없이 소비되는 자금이다. 새는 돈을 파악하여 저축할 수 있도록 해야 한다.

| 지출 | | 변경전비율 |
| --- | --- | --- |
| 생활비 | 3,000,000 | |
| 통신비 | | |
| 월세/공과금/관리비 | 150,000 | |
| 교통/차량유지비 | 200,000 | |
| 대출이자 | 65,000 | |
| 부모용돈/종교활동 | 500,000 | |
| 생활비합계 | 3,915,000 | 71.18% |
| 생명보험보장성 | 150,000 | |
| 화재보험보장성 | 350,000 | |
| 보장성보험합계 | 500,000 | 9.09% |
| 은행/적금 | 300,000 | |
| 증권회사/주식형펀드 | | |
| 단기중기저축합계 | 300,000 | 5.45% |
| 보험/장기저축 | | |
| 1,2금융권장기저축 | | |
| 장기저축합계 | - | 0.00% |
| 현금흐름오차 | 785,000 | 14.27% |
| 지출합계 | 4,715,000 | |

| 새는 돈 | 생활비 비율 |
| --- | --- |
| 14% | 71% |

| 미확인 지출/총 소득 | 생활비/총 소득 |
| --- | --- |
| 적정 5% 이하 | 적정 50% 이하 |

| 저축비율 | 보험료 부담율 |
| --- | --- |
| 5% | 9% |

| 은행, 펀드, 보장, 저축/총 소득 | 보장성 보험/총 소득 |
| --- | --- |
| 적정 30% 이상 | 적정 15% 이하 |

| 중단기저축률 | 장기(은퇴)저축률 |
| --- | --- |
| 0% | 0% |

| 은행,펀드/총 소득 | 장기저축/총 소득 |
| --- | --- |
| 적정 20% 이상 | 적정 10% 이상 |

새는 돈(목적 없이 사용되는 자금)이 매우 많고 생활비도 매우 많은 편으로 저축이 거의 되지 않는 상황, 보험료는 적당하나 보장내용을 구체적으로 살펴봐야 하며 은퇴준비 및 투자 자산 준비를 거의 못 하고 있는 상황

## 변경 전 현금 흐름

전체 생활비 비중은 각 가정마다 차이가 있지만 사회초년기에는 30~40%가 적절하며 적정 생활비 규모는 50%이지만 최대 60%를 넘지 않게 해야 한다.

보장성보험은 15%를 넘지 않는 것이 좋으며, 저축 비율은 높을수록 좋지만 생활비와 보장성보험 비율을 감안할 때 최소 20~30%는 저축할 수 있도록 해야 한다.

그중 단기, 중기, 장기 저축 비율은 얼마인지 파악해야 하는데, 이를 파악하기 위해서는 재무목표가 설정되어 있어야 하며, 자산관리사는 필수 5대 자산 마련을 위해 올바른 재무 플랜과 솔루션을 동시에 제공해야 한다.

# 🐷 재무설계(사례편)

재무 설계 시 보장설계는 한 가정의 아주 중요한 부분이기 때문에 잘 설계해야 한다. 현재 가입되어 있는 보험의 보험료, 보험기간, 보장내용을 살펴봐야 한다. 너무 많은 보험료 불입이 있다면 보험료를 줄여주는 것도 좋은 솔루션이 될 수 있으며, 100세 시대인 점을 고려해서 만기가 짧거나 갱신형 상품으로 향후 보험료가 크게 상승할 가능성이 있는 상품은 변경해 주는 것도 좋을 것이다.

| 상품명 | 계약일 | 보장기한 | 납입기한 | 월보험료 | 총보험료 | 기납입보험료 | 잔여보험료 | 비 고 |
|---|---|---|---|---|---|---|---|---|
| H사 유니버셜 보험 | 2006.04.17 | 80세 | 80세 | 145,950 | | | | |
| H사 건강보험 | 2009.05.28 | 100세 | 20년 | 55,860 | | | | 실비(종합) 1억 50만 |
| 합 계 | | | | 201,810 | | | | |

| 상품명 | 사망 | | 3대중증진단비 | | | 수술 | 입원 | 골절/화상 |
|---|---|---|---|---|---|---|---|---|
| | 질병 | 재해 | 암 | 뇌혈관 | 심장질환 | | | |
| H사 유니버셜보험 | 1,000 | 4,000 | 3,000 | | | 50/100/200 암 400 | 질해 5 (3일 초과) 재해 3 (3일 초과) 암 20 (3일 초과) | 골절 30 |
| H사 건강보험 | 500 (80세만기) | 2,000 | | 뇌졸중 1,000 | 1,000 | 골절/화상 100 | 2 | 골절/화상 20 |
| 합 계 | 1,500 | 6,000 | 3,000 | 뇌졸중 1,000 | 1,000 | 50/100/200 암 400 골절/화상 100 | 질병 7 (3일초과) 화재 5 (3일초과) 암 27 (3일초과) | 골절 50 화상 20 |

## 문제점

**01.** 만기가 80세인 것          **02.** 전체적인 보장금액 부족

**03.** 1~3종 수술비 혜택이 있지만 주요 질병 및 사망보장금이 부족

## 가장의 보장분석표

보장설계가 마무리되면 고객의 재무목표가 재무상태와 현금흐름에 부합하는지, 필수 5대 자산 준비에 부합하는지 검토해야 한다. 만약 고객이 부채가 아주 많은데 투자자산을 설정하겠다고 하면 재무목표가 적절하지 못할 수 있다. 또한 긴급예비자금 준비가 되어 있지 않은데 은퇴자산을 먼저 준비하겠다 해도 재무적인 문제가 발생할 수 있다.

## 따라서 필수 5대 자산 준비와 고객 재무목표를 감안하여
# 좋은 재무목표를 설정할 수 있도록 안내해줘야 한다.

| 우선순위 | 재무목표 | 필요자금 | 보유자금 | 남은시간 | 매월적립금 | 예상수익률 |
|---|---|---|---|---|---|---|
| 1 | 비상예비자금 | 5,000,000 | | 1년 | 400,000 | 3% |
| 2 | 대출금상환 | 12,000,000 | 9,600,000 | 1년 | 200,000 | |
| 3 | 사업자금 | 100,000,000 | 50,000,000 | 5년 | 700,000 | 5% |
| 4 | 노후자금 | 매월 100만원 | | 25년 | 800,000 (300,000) | 7% |

**01.** 비상예비자금을 우선적으로 준비

**02.** 재무목표는 대출금 상환. 향후 받을 돈 840만원과 현재보유 금액 120만원을 합쳐 1년간 20만원씩 저축하면 1,200만원 상환이 가능함

**03.** 사업 자금 마련을 위해 중장기 금융상품(펀드 등)를 활용하여 사업자금을 5년간 준비하면 5천만원 자금이 준비됨

**04.** 노후자금은 우선 30만원으로 시작하지만 대출금 및 비상예비자금이 마련되면 필요한 80만원 운용할 수 있음

이렇게 재무설계 진행하면 예전보다 훨씬 더 나은 현금흐름을 가져갈 수 있다. 하지만 너무 무리한 재무 조정은 오히려 불신과 재무 실패를 낳을 수 있으니 유념해야 한다. 운동을 하더라도 어느 정도 근육이 붙어야 하는 것처럼 저축에도 근육이 붙어야 하기 때문에 처음에는 해당 가정에서 저축할 수 있는 재무설계 흡수력을 파악하여 적절한 재무 플랜을 제시하고 향후 재무 플랜을 업그레이드하는 방식으로 접근해야 한다.

| 지 출 | | 변경전비율 |
|---|---|---|
| 생활비 | 2,500,000 | |
| 통신비 | | |
| 월세/공과금/관리비 | 150,000 | |
| 교통/차량유지비 | 200,000 | |
| 대출이자 | 65,000 | |
| 부요용돈/종교활동 | 500,000 | |
| 생활비합계 | 3,415,000 | 62.09% |
| 생명보험보장성 | 200,000 | |
| 화재보험보장성 | 250,000 | |
| 보장성보험합계 | 450,000 | 8.18% |
| 은행/적금 | 600,000 | |
| 증권회사/주식형펀드 | 700,000 | |
| 단기중기저축합계 | 1,300,000 | 23.64% |
| 보험/장기저축 | 300,000 | |
| 1,2금융권장기저축 | | |
| 장기저축합계 | 300,000 | 5.45% |
| 현금흐름오차 | 35,000 | 0.64% |
| 지출합계 | 5,465,000 | |

| 새는 돈 | 생활비 비율 |
|---|---|
| 14% ▶ 0% | 71% ▶ 62% |

| 미확인 지출/총소득 | 생활비/총 소득 |
|---|---|
| 적정 5% 이하 | 적정 50% 이하 |

| 저축비율 | 보험료 부담율 |
|---|---|
| 5% ▶ 29% | 9% ▶ 8% |

| 은행, 펀드, 보장, 저축/총소득 | 보장성 보험/총 소득 |
|---|---|
| 적정 30% 이상 | 적정 15% 이하 |

| 중단기저축률 | 장기(은퇴)저축률 |
|---|---|
| 0% ▶ 13% | 0% ▶ 5% |

| 은행, 펀드/총 소득 | 장기저축/총 소득 |
|---|---|
| 적정 20% 이상 | 적정 10% 이상 |

## 변경 후 현금 흐름

# 재무설계 법칙

앞서 재무설계의 필요성을 이야기하였다면 이번 파트에선 재무설계 법칙을 알려주겠다. 10가지의 재무설계 법칙을 통해 쉽게 익혀보도록 하자.

$$\text{원금이 두 배가 되기까지 걸리는 시간(연수)} = \frac{72}{\text{수익률(\%)}}$$

## 72법칙

72법칙이란, 72를 연간 복리수익률로 나누면 원금이 두 배가 되는 기간과 같아진다는 법칙이다. 과학자 알베르트 아인슈타인은 '복리야말로 인간의 가장 위대한 발명'이라고 하면서, 원금을 두 배로 불리는 기간을 복리로 계산하는 산식을 발표하였다.

$$\text{부자지수} = \frac{\text{순자산} \times 10}{\text{나이} \times \text{연간 총 소득}}$$

## 부자지수법칙(부자 방정식)

부자지수법칙이란, 개인의 나이, 자산, 부채, 소득, 지출의 상관관계를 개인의 경제적 위치와 재정관리의 효율성을 진단하는 지수로 활용하여 부자가 될 가능성을 지수화한 법칙이다.

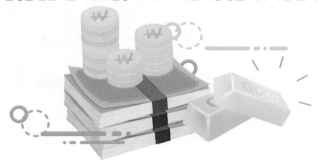

$$100 - 소비 = 저축 \neq 100 - 저축 = 소비$$

## 저축의 법칙

저축의 법칙이란, 소비한 돈으로 저축하는 금액과 저축하고 남은 돈을 소비한 금액은 단순 방정식으로 생각해보면 같아야 하지만 금액의 차이가 발생한다는 내용으로 저축을 먼저 계획하고 나머지 금액을 소비해야 한다는 저축이론이다.

$$투자자산비중 = 100 - 자산나이$$

## 투자 방정식

투자 방정식이란, 자신의 자산에 얼마를 투자할지 결정하는 지수로 부동산, 주식, 채권 및 금융 상품에 투자하는 비중을 간단하게 적용하는 투자 공식이다.

종목선정기준

$$=$$

대장주 매매

## 손수건 이론

손수건 이론이란, 파레토 법칙과 같은 이름으로 [수익의 80%는 상위 20% 종목에서 나온다]라는 법칙이다. 손수건 정가운데를 잡아당기면 가운데는 많이 올라가는데 가장자리는 조금밖에 오르지 않는 모습을 보인다.

#  재무설계 법칙

$$-50\% \text{ 손실} +100\% \text{ 수익} = 원금 \quad = \quad +100\% \text{ 수익} -50\% \text{ 손실} = 원금$$

## -50 = 100의 법칙

-50 = 100의 법칙이란, 투자에 있어 더하기와 빼기 개념을 달리해야 한다는 뜻이다. 즉, 수익보다 손실관리를 주의해야 된다는 내용을 담고 있다. 50% 손실이 났을 경우 원금을 회복하려면 100% 수익이 발생해야 하고, 100% 수익이 났더라도 50% 손실이 나면 원금이 된다.

90%  90%  90%  90%

81%  73%  65%

**잦은투자 = 성공할 확률 ↓** ➔

## 투자의 확률의 함정

투자의 확률의 함정이란, 투자자들이 투자를 할 때 연속해서 성공할 확률은 제일 처음 계산했던 성공확률보다 낮다는 이론이다. 투자를 반복할수록 연속성공확률은 지속적으로 떨어진다.

### 하이리스크 하이리턴 법칙

투자를 할 때 목표수익률이 높은 사람들이 있다고 가정했을 때, 그 사람에게 그만큼 목표수익률에 대비한 리스크를 안고 투자하는지 물어보면 리스크는 크게 고민하지 않고 있는 경우가 많다. 하이리스크 하이리턴이란 그와 관련된 주식 격언이기도 하다.

### 적정보험료 = 생활비의 15% 이내

### 보장설계 법칙

보장설계 법칙이란, 보험료의 크기를 계산하는 방식으로 단순 보험료뿐만 아니라 보험금 및 보장내용을 분석함으로써 본인에게 맞는 보장설계를 가져야 한다는 이론이다.

### 10, 10, 10 법칙

10, 10, 10 법칙이란, 10%는 현재의 자신에게, 10%는 자신을 있게 해준 고마운 사람들에게, 10%는 미래의 자산에게 투자하는 법칙이다. 저축만이 능사가 아니다. 살다 보면 고마운 사람들도 있으며, 자기계발도 해야 하고, 미래를 위해서도 투자를 해야 한다. 이와 관련해서 급여사용법을 안내해주는 가이드라인으로 은퇴자금 및 자기계발비, 부모님을 위해 쓰는 돈이나 봉사활동비에 대한 내용을 포함한다.

#  똑똑하게 저축하기

## 통장 이름 만들기

통장마다 이름을 만들어서 자신의 **저축 목적을 명확히 하며, 저축할 때마다 목적이 달성되어 가는 재미를** 느끼게게 하는 방식
ex) 휴가/여행통장, 부모님여행통장, 아내선물통장

## 저축 목적 필요

25세 성인 남녀 100명 상대 조사 결과에 따르면 **1968년에는 '100명 중 단 5명만 인생의 전반적인 계획이 수립'** 되어 있었지만 **35년 후인 2003년에는 '20명은 사망하고 5명의 재산이 75명의 재산보다 많음'**으로 나타났다.                       [자료출처: 예일대학교]

## 저축의 재미

**원하는 삶**을 살고 싶지만 항상 **필요한 조건 중에 하나가 돈**이다. 통장에 이름을 정해서 납입할 때 마다 자신이 원하는 꿈이 다가온다고 느낄수록 저축하는 재미가 점점 커질 것이다.

## 통장 이름 정하기

### 첫 번째 똑똑하게 저축하는 방법
### 통장 이름 정하기

저축을 시작할 때 목적이 없으면 저축을 쉽게 포기할 수 있다. '가족들과 해외여행 가기'로 통장 이름을 정했다고 가정해보자. 그런데 자신이 좋아하는 자동차가 새로운 버전으로 출시되었는데 이것이 너무 사고 싶어서 사야할지 고민이 되는 상황이다. 평소 목적 없이 저축을 했다고 가정하면 충동적으로 새로 출시된 자동차를 살 수도 있지만 통장 이름을 정했다면 쉽게 저축을 포기하기는 어렵다. 통장마다 이름을 정하는 것은 목표설정을 하는 방법이며, 효과적이면서도 저축의 목적을 달성할 수 있는 좋은 방법이다.

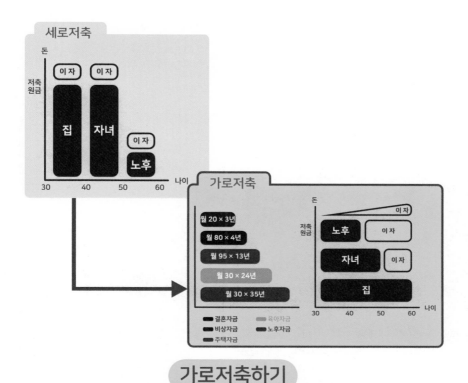

## 가로저축하기

### 두 번째 똑똑하게 저축하는 방법
## 가로저축하기

기존에 우리가 저축하는 방식은 세로저축이다. 세로저축이란 자신에게 가장 긴급한 자금을 저축하는데 모든 저축 금액을 투여하는 형태이지만 이런 저축 방법은 향후 소득이 줄어들거나 하면 본인이 원하는 자금을 다 충족하지 못하게 할 수 있다. 그렇기 때문에 필요한 자금의 중요성을 나눠 현재 가장 긴급하고 중요한 자금과 급하지는 않지만 중요한 자금을 나눠 모든 필요자금을 충족할 수 있는 저축 방법이 가로저축이다. 가로저축은 목적자금을 계획하여 단기, 중기, 장기적으로 필요한 자금을 구분하고 긴급하고 중요한 자금에 많은 비율을 저축하고 중요하지만 급하지 않은 자금에는 적은 금액이지만 미리 저축을 한다. 보통 은퇴자금이나 자녀교육자금 등 지금 당장은 필요하지 않지만 언젠가 소요될 중요한 자금을 마련하는 방법으로 활용되고 있는데 소액으로 저축하지만 저축기간과 복리효과를 활용하기에 향후 필요자금을 모두 충족할 수 있다.

# 똑똑하게 저축하기

**풍차돌리기란**

매월 새로운 **1년 만기 적금상품을 가입**하여 1년 동안 총 **12개의 통장**을 만드는 것이다.

**1**   10만원   1월부터 1년 만기로 매달 **10만원을 넣는 적금통장**을 매달 하나씩 만든다.

**12**   10만원 10만원 10만원 10만원 10만원 10만원
         10만원 10만원 10만원 10만원 10만원 10만원

12월이 되면 매달 **10만원을 넣는 적금통장**이 **12개**가 된다.

**만기된 적금
= 만기금(예금) + 새 적금**

## 예적금 풍차돌리기

### 세 번째 똑똑하게 저축하는 방법
예적금 풍차돌리기

예적금 풍차돌리기란, 1년 12달 내내 만기가 되는 상품이 돌아오게 하는 방식으로 매월 새로운 만기 상품에 가입하여 점점 그 금액을 늘려감으로써 저축의 재미와 습관을 키우는 저축방식이다. 첫달에 1년 만기 적금 상품에 10만원을 가입하고 그다음 달도 똑같이 다른 적금 상품에 10만원을 가입했다고 가정하자. 그러면 열두 번째 달에는 총 12개 적금 상품에 가입하게 되는 것이고 열세 번째 달이 될때는 첫달에 넣은 10만원 적금 만기가 돌아와 120만원의 이자가 붙은 금액이 출금된다. 그러면 그 금액에 다시 10만원을 적금 가입을 해 점점 그 금액을 늘려나가는 방식이다. 이렇게 함으로써 저축 습관을 기를 수 있다. 하지만 만기가 1년인 상품에 가입해야 되기 때문에 높은 금리를 추구할 수 없으며 또한 단기금융상품으로 복리효과를 누릴 수 없다는 단점도 있다.

저축습관과 더불어 저축률을 높일 수 있는 방식이며 향후 자신이 계획한 일을 처리할 수 있도록 도와주는 통장을 만드는 저축방법이다.

## 황금 메추리 통장

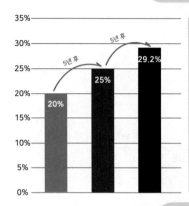

| 구분 | 월급 | 소비 | 저축 | 저축률 |
|------|------|------|------|--------|
| 현재 | 250 | 200 | 50 | 20.00% |
| 1년 후 | 260 | 205 | 55 | 21.15% |
| 2년 후 | 270 | 210 | 60 | 22.22% |
| 3년 후 | 280 | 215 | 65 | 23.21% |
| 4년 후 | 290 | 220 | 70 | 24.14% |
| 5년 후 | 300 | 225 | 75 | 25.00% |
| 6년 후 | 310 | 230 | 80 | 25.81% |
| 7년 후 | 320 | 235 | 85 | 26.56% |
| 8년 후 | 330 | 240 | 90 | 27.27% |
| 9년 후 | 340 | 245 | 95 | 27.94% |
| 10년 후 | 360 | 255 | 105 | 29.17% |

## 저축률 그래프

### 네 번째 똑똑하게 저축하는 방법
## 황금 메추리 통장

황금 메추리 통장 이름은 『황금알을 낳는 거위』에서 유래하였다. 자신의 자금 목적을 달성하기 위해 자금이 필요한데 자신이 소득이 증가할 때마다 일정 비율을 이 통장에 저축하여 목적자금을 달성하는 방법이다. 저축을 못하는 사람한테 무리하게 저축을 시키면 중간에 상품 해지나 해약을 하는 경우를 자주 볼 수 있다. 따라서 저축하는 방법보다는 저축하는 습관을 기르는 것이 중요하다. 저축 습관을 기르기 위해 우선 자신이 저축할 수 있는 최소한 자금부터 시작하는 것이다. 현재 소득의 10%가 되었건 20%가 되었건 저축을 시작하는 것이 중요하다. 자신이 할 수 있는 최소한의 저축을 시작함으로써 자연스레 저축 습관을 기르고, 급여 상승 및 상여금을 받게 되어서 소득 상승분이 발생하면 소득 상승분의 50%를 추가로 저축을 하면 된다. 최소한의 자금으로 저축을 시작하기 때문에 부담이 없으며 추가 소득 상승분이 생기면 50%를 저축함으로써 서서히 저축률을 높여 나갈 수 있다.

# 🐷 가계부 작성 요령

미국 최대 부자였던 석유왕 록펠러는 미국 내 정유소 95%를 점유함으로써 엄청난 부를 이룬 사람이다. 많은 부자들이 자식대에서 부의 세습이 끊어지고 쇠퇴하게 되는 경우를 많이 보게 된 록펠러는 부의 세습을 위해 많은 고민을 한 사람이다. 현재 3대에 걸쳐 전 세계를 대표하는 부유한 가문으로 명성을 유지하고 있는데 이는 록펠러 가문의 부의 습관인 가계부를 잘 쓰기 때문이라고 전해진다. 그들이 엄청난 부를 유지하는 것은 돈을 상속하는 것이 아닌 돈을 관리하는 방법을 상속해줬기 때문이다.

## 미국 최대 부자 석유왕 록펠러

가계부를 작성하는 것은 내 재산 및 현금흐름을 파악하는 것이다. 로버트 기요사키는 『부자 아빠 가난한 아빠』라는 책을 통해 자금 관리를 어떻게 해야 되는지 밝힌 바 있다. 그러기 위해서 재무상태표(구 대차대조표)와 현금흐름표를 먼저 알아야 한다. 두 단어는 회계상 용어로 현재 자산을 파악하는 재무제표가 재무상태표이며, 수익과 지출을 파악하는 재무제표가 현금흐름표이다. 가계부 유형에는 총 3분류가 있는데 가난한 아빠 가계부, 중산층 아빠 가계부, 부자 아빠 가계부가 있다.

**가난한 아빠**로 표현되는 서민층의 가계부를 살펴보면 수입이 들어오면 자산을 형성하지 못하고 전부 다 소비로 연결되는 형태를 볼 수 있다. 당연히 저축은 할 수 없으며 수입과 지출 양이 동일하다.

**중산층 아빠**의 가계부는 수입이 지출보다 약간 많긴 하지만 부채상환으로 인해 자산을 형성하지 못하고 자금이 전부 소요된다. 따라서 자산형성보다 부채상환이 먼저로, 저축을 생각할 수 없다.

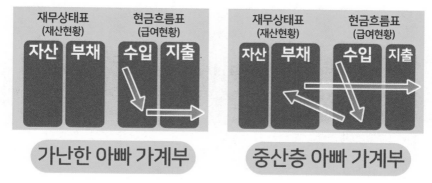

**부자 아빠**의 가계부를 살펴보면 수입이 지출보다 월등히 많으며 남는 수입 금액이 자산을 형성하여 그 자산을 통해 또 다른 수입이 들어와 돈이 선순환구조를 이루는 형태를 보이고 있다.

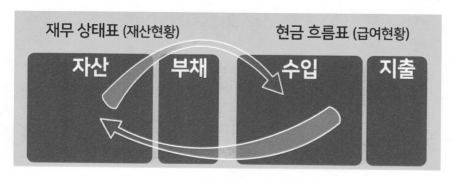

**자신의 가계부 유형을 살펴보면**
어떤 상태인지 파악할 수 있을 것이다.

# 🐷 가계부 작성 요령

결국 좋은 가계부 유형은 소득이 지출보다 많아야 하며 지출 항목에 대한 분석이 잘 이뤄져야지 부자아빠 가계부유형의 부의 습관을 가질 수 있는 것이다.

## 따라서 저축도 중요하지만
## 소비 항목 분석도 매우 중요하다.

### 가계부 파악항목

- **가계부를 쓸 때에는** 너무 복잡하게 쓰는 것보다 단순하면서도 알기 쉽게 작성하는 것이 **꾸준히 오래 유지할 수 있는 방법이다.**
- **항목별로 정리하여** 가계부 작성을 활용해보자.

소비 항목을 파악하기 위해 한 달에 필요한 고정지출과 변동지출을 항목별로 분류하는 것이 지출 관리의 첫걸음이라고 할 수 있다.

지출항목을 잘 파악하기 위해서는 고정지출항목을 정확히 파악하고 변동지출항목을 단순화시켜야 한다. 항목이 많을수록 가계부 쓰기도 힘들뿐더러 파악할 때 오차가 생길 수 있기 때문이다.

## 지출을 정확히 파악해야만
## 한 달에 저축할 수 있는 금액이 산출된다.

## Tips

| 지출항목 | 항목 내용 | 지출 내용 |
|---|---|---|
| 고정지출 | 매 달 동일하게 지출되는 항목 | 대출금 / 할부금 / 학원비 / 용돈 등 |
| 공과금 | 주거환경에 연관된 항목 | 전기세 / 수도세 / 관리비 / 통신비 등 |
| 식료품비 | 음식과 관련된 항목 | 식비 / 간식비 / 외식비 등 |
| 차량유지비 | 자동차 관련 항목 | 주유비 / 차량수리비 / 보험료 등 |
| 문화생활비 | 경조사 / 사회활동 등에 관련된 항목 | 여가 생활비 / 경조사비 등 |

## 고정적인 지출 항목을 확인하자!

자동이체되는 통신비, 주거지 관련 관리비, 교통비 등의 **고정적인 지출과 변동될 수 있는 지출을 구분해서 세워 두는 것이 좋다.**
고정적인 지출이 어느 정도인지 미리 파악하고, 예상했던 지출보다 더 많은 지출이 있었다면 변동될 수 있는 지출에서 줄여나가는 것이 중요하다.

## 지출 항목을 단순화하자!

**가계부를 작성할 때 지출 항목이 많아지면 오히려 분류하기가 어려워지므로, 항목 분류를 고민하느라 가계부 쓰는 것에 지칠 확률이 높다.**
예를 들면 마트에서 장 본 것, 간식비, 카페, 외식 등으로 세세하게 분류하기보다는 '식비'라는 하나의 항목으로 묶는 것이 좋다.

## 바로 작성할 수 없다면, 영수증을 챙기자!

가계부를 작성할 때는 지출이 발생할 때마다 바로바로 기록을 하는 것이 가장 좋다.
그러나 작성할 수 없다면, 영수증을 버리지 말고 꼭 챙겨두길 바란다.
**거래시기, 구매내역과 금액이 모두 적혀 있는 영수증을 모아두고 가계부에 한 번에 정리하는 것도 좋은 방법이다**(하지만 이것도 너무 밀려 버리면 가계부 쓰기가 스트레스로 다가올 수 있다).

## 체크카드를 사용하면 편리하다!

신용카드는 사용 시점과 결제 시점이 달라서 파악이 어렵고, 선 사용 후 결제 시스템이기 때문에 과소비로 이어질 가능성이 있다.
하지만, **체크카드는 통장에 돈이 있는 경우에만 사용할 수 있기 때문에 스스로 얼마 정도의 가격 제한을 둘 수 있고, 지출 내역 기록이 남으니 가계부 작성에도 편리하다.**

## 금융상품의 이해

### 전자 단기 사채

전자단기사채(Asset Backed Short-Term Bond)란 **기업들이 만기 1년 미만의 단기자금을 조달하기 위해 종이가 아닌 전자방식으로 발행하는 채권**을 말한다. 줄여서 **전단채**라고도 한다.

**기업어음(CP)을 대체해 기존의 기업어음 거래의 부작용을 해소하고 단기 금융 시장을 활성화시키기 위한 것으로** 2013년 1월 15일부터 도입됐다. **주로 증권회사에서 판매하고 있다.**

|  | 채권(회사채) | 특정금전신탁(기업어음, CP) |
|---|---|---|
| 발행 목적 | 중장기 회사 대여금 | 단기 회사 대여금 |
| 발행 기간 | 1년 이상 | 1년 미만 |
| 발행 회사 | 회사채 | 주로 건설사, 캐피털 |
| 투자가능 신용등급 | AAA, AA, A, BBB | A1, A2, A3 |
| 특징 | 창구, HTS에서 가입 가능 | 창구에서만 가입 가능 |

### 채권과 기업어음의 차이

**전자단기사채**는 일정의 기업어음의 형태에서 신용을 보강하여 최소 매매 단위가 1억원 이상인 상품이다. 단기 자금 운영 시 은행이자보다 높은 수익률을 추구할 수 있으며, 신용등급이 높은 회사 및 단체에 투자하기 때문에 자산가들에게 인기가 좋은 상품이다.

### 환매 조건부 사채

**금융기관 RP는 수신상품 중 하나로 은행이나 증권회사가 일정기간 후 다시 사들인다는 조건으로 고객에게 판매하는 금융상품**이다. 대상 채권은 국채, 지방채, 특수채, 회사채 등이다. 은행, 증권, 종금 등이 자체 보유 채권을 담보로 쌓아두고 담보 채권의 금액 범위 내에서 거래고객에게 '일정 시점 이후 되사주는 조건으로 담보채권을 쪼개서 판매하는 거래방식'이다. 예금자 보호대상은 아니지만 대부분 **국채 또는 예금보험공사에서 보증하는 채권**으로 어느 정도의 안정성이 보장된다.

**환매조건부사채**는 RP로서 증권사에서 1년 미만 짧은 기간에 높은 금리를 제공해주는 것으로 광고를 하고 있다. RP는 말 그대로 일정 기간 내 환매 성향을 더한 채권으로서 짧은 기간 높은 채권수익률을 확정적으로 가질 수 있지만 가입 한도를 금융기관별로 정하고 있으며, 주로 고액 자산가 초기 유입형태로 활용되고 있다.

# 수시입출금 상품으로는 크게 CMA와 MMF가 있다.

## CMA

종합자산관리계좌로 **수시입출금이 가능하며, 상품유형에 따라 예금자 보호 여부 및 금리가 상이**하다. 예금자 보호되는 상품은 종합금융 회사에서만 판매되며, 나머지 상품은 증권회사에서 판매가 된다.

**매일 이자가 붙기 때문에 비상예비자금으로 활용 시 CMA 통장을 활용하면 유리**하다.

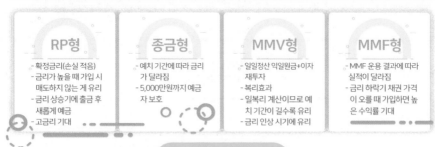

### RP형
- 확정금리(손실 적음)
- 금리가 높을 때 가입 시 매도하지 않는 게 유리
- 금리 상승기에 출금 후 새롭게 예금
- 고금리 기대

### 종금형
- 예치 기간에 따라 금리가 달라짐
- 5,000만원까지 예금자 보호

### MMV형
- 일일정산 익일원금+이자 재투자
- 복리효과
- 일복리 계산이므로 예치 기간이 길수록 유리
- 금리 인상 시기에 유리

### MMF형
- MMF 운용 결과에 따라 실적이 달라짐
- 금리 하락기 채권 가격이 오를 때 가입하면 높은 수익률 기대

## CMA 상품 종류

**CMA**는 단기자금으로 많은 사람들이 활용하고 있는 상품으로서 하루만 맡겨도 이자가 발생하는 수시입출금식 계좌이다. 자산관리사 입장에서는 비상예비자금 활용 시 CMA를 많이 추천하고 있다. CMA는 종류가 다양한데 RP형과 종금형, MMV형, MMF형이 있으며, 예금자 보호는 종금형 상품만 가능하다. 종금형 이외의 상품은 증권회사에서, 종금형 상품은 종합금융회사에서 판매되고 있다. 최근에는 증권사에 방문하지 않고도 계좌 개설이 가능해졌다.

## MMF

CMA 종류 중에는 **CMA - MMF형**이 있는데 **MMF에 주로 투자하는 CMA 종류**로 이해하면 된다. **MMF(Money Market Fund)는 펀드의 일종이지만 주로 초단기 금융상품에 집중투자하여 1년 국공채 및 우량 기업어음에 투자하는 상품**으로 유동성 및 안정성을 가진 상품이다. 주로 위험등급을 나눌 때 **MMF 상품은 무위험채권으로 분리**한다.

**MMF** 상품은 머니마켓펀드의 약자로서 펀드 종류 중 하나이다. CMA와 같은 단기금융상품이지만 환매 조건이 CMA보다 약간 까다롭다는 단점이 있다. CMA는 당일 즉시 출금이 되지만 MMF는 환매 요청일 기준 익일 출금을 원칙으로 하고 있다. 주로 MMF는 은행에서 거래되고 있다.

# 금융상품의 이해

| | MMF | CMA |
|---|---|---|
| 판매 회사 | 은행 | 증권회사, 종합금융회사 |
| 성격 | 수익률 추구 | 수시 입출금 |
| 유동성 | 익일 환매 | 즉시 환매 |
| 계좌 활용 | 단독 계좌로 활용 | 주식계좌와 연계 및 계좌 내 금융상품 매입 가능 |

## MMF와 CMA의 차이

| | |
|---|---|
| ELS 종류 | · ELS: 기초자산이 개별 종목이나 지수    · DLS: 기초자산이 파생상품(원자재, 금, 은)<br>· ELB: 원금보장 ELS |
| 기초자산 | 대상이 되는 자산으로 보통 **종합주가지수나 개별종목 또는 원자재가 포함**된다.<br>일반적으로 2개의 기초자산으로 운용하고 가끔씩 3개의 기초자산으로 운용한다. |
| 낙인(KI) | 손실 발생 가능 기준이다. 주가가 10만원인데 낙인이 60%라 하면 6만원 미만으로 떨어지지 않으면 손실발생<br>이 생기지 않는다. 단, **낙인이 되었다 하더라도 조기 상환일에 조기 상환 조건을 충족해도 수익률이 지급**된다. |
| 수익률 | 조기 상환이 되거나 만기 시 낙인이 되지 않았을 경우 지급하는 연수익률<br>단, 낙인이 되었다 하더라도 조기 상환일에 조기 상환 조건을 충족해도 수익이 지급된다. |
| 조기 상환 조건 | **조기 상환 조건은 보통 6개월 단위가 기본**이며, 경우에 따라 4개월도 있다.<br>만기가 3년이더라도 조기 상환 조건 6개월 때 충족하며 ELS는 조기 상환되고 종결된다. |
| 만기 | 원금 비보장 상품 만기는 보통 3년이며, 원금보장형은 보통 1년이나 1년 6개월 상품이 많다.<br>**조기 상환되며 만기를 채우지 않고 상환**된다. |
| 낙아웃(KO) | 원금보장형 KO 터치할 경우 정해진 낮은 수익률이 지급되고, 원금 비보장인 경우 낙인의 반대 개념으로<br>주가가 상승하여 낙아웃 지점을 도달하며 이후 주가와 상관없이 근접한 조기 상환일에 무조건 상환되는<br>옵션이다. |
| 참여율 | **원금 비보장형일 때 적용**되며, 주가 상승 시 상승비율을 적용하는 용어, 10% 상승했을 때 참여율이 70%이<br>면 수익률은 7% 지급한다. |

## ELS 주요 개념 및 용어

ELS 상품 주가연계지수로서 기초 상품 및 상품 구조에 따라 여러 종류로 나뉠 수 있다.
원금보장형 ELS 상품은 ELB라고 하며 낙아웃형태가 대표적이다. 기초자산에 따라 일정한 참
여율을 부과하며 일정한 수준 이상 상승하거나 하락할 경우 미리 정해진 이율이 적용되는 상품이다.
원금비보장형 ELS 상품인 경우 스텝다운 형태로 발행이 많이 된다. 기초자산이 일정 구간 하락
하지 않으면 수익률을 지급하며 시간이 지남에 따라 상환 조건을 조금씩 완화하여 상환 시 정해진 수
익률을 지급하는 형태이다.

# ELS 대표적인 유형

## 낙아웃 (Knock-out)

기초자산가격이 특정 수준 이상 or 이하로 상회 or 하회하면 수익구조가 없어짐을 말함
이때 발생하는 수익률은 리베이트

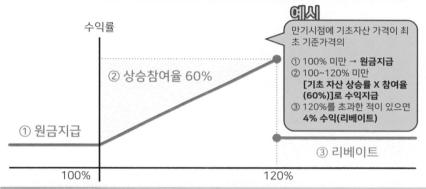

### 예시

만기시점에 기초자산 가격이 최초 기준가격의

① 100% 미만 → **원금지급**
② 100~120% 미만
**[기초 자산 상승률 X 참여율 (60%)]로 수익지급**
③ 120%를 초과한 적이 있으면 **4% 수익(리베이트)**

수익률

② 상승참여율 60%

① 원금지급

③ 리베이트

100%          120%

## 스텝다운 (Step-Down)

가장 일반적인 유형으로 행사가격이 만기에 가까워질수록 단계적으로 하락하는 것이 특징이다. 수익은 상환시점에 1회 지급하며, 상환시점에 모든 기초자산의 가격이 행사가보다 크면 조기 or 만기 상환된다.

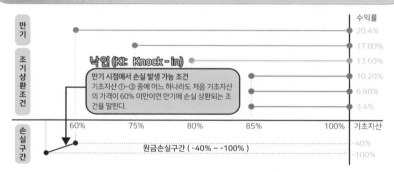

만기

조기상환조건

### 낙인 (KI: Knock-in)

만기 시점에서 손실 발생 가능 조건
기초자산 ①~③ 중에 어느 하나라도 처음 기초자산의 가격이 60% 미만이면 만기에 손실 상환되는 조건을 말한다.

손실구간

수익률
20.4%
17.00%
13.60%
10.20%
6.80%
3.4%

60%    75%    80%    85%    100%    기초자산

-40%
-100%

원금손실구간 ( -40% ~ -100% )

ELS 상품은 주식형 상품이지만 금융소득이 과세되는 상품이다. 따라서 과세 여부에 주의하셔야 하며, 중도상환조건이 있더라도 만기가 2년 또는 3년 상품인 경우 자신의 재무 목적과 기간에 적합한지 파악해야 한다. 또한 이 상품은 예금자 보호가 되지 않으므로 발행사의 안전성도 같이 파악해야 한다. ELS 관한 정보는 각 증권사 홈페이지에서 확인 가능하다.

### ETF는 상장지수 펀드로서
# 펀드와 주식의 성격을 갖춘 상품이다.

주식시장에서 거래되는 인덱스 펀드로 이해하면 되는데 최근 지수, 원자재, 유가 등 다양한 ETF 가 발행되고 있다. 발행하는 운용사에 따라 ETF 이름이 달라지며 우리나라에서는 삼성, 미래에 셋, 한국, 우리자산운용에서 ETF를 운용하고 있다. 삼성코덱스는 코덱스200, 코덱스 인버스, 코덱스 레버리지지수 등이 유명하며 미래에셋 타이거는 타이거유가 및 타이거 농산물, 타이거해외주식 등이, 우리자산운용은 달러자산 ETF가 유명하다.

가치투자의 대명사인 '워렌 버핏'은 주식투자를 해본 사람이나 투자에 관심이 없는 사람에게도 유명한 투자계의 거물이다. 이러한 그가 ETF와 관련해서 여러 차례 추천의 말을 아끼지 않았는데, 그중에서도 워렌 버핏이 부인에게 남겼다고 알려진 투자 방법이 가장 유명하다. 인덱스 펀드를 오래도록 주목해온 버핏은 자신의 가족에게 남길 투자 방법으로 인덱스 펀드를 말하면서, 이를 주식투자에 익숙하지 않은 사람도 성공할 수 있는 중장기 투자 전략으로 확신했다.

### 이처럼 워렌 버핏을 사로잡은 인덱스 펀드의 성격을 지닌
# 대표 투자상품이 바로 ETF이다.

| 발행사 | 삼성 | 미래에셋 | 한국 | 우리 |
|---|---|---|---|---|
| ETF명 | KODEX | TIGER | KINDEX | KOSEF |
| 대표 ETF | KODEX200<br>KODEX인버스<br>KODEX레버리지<br>KODEX코스닥150 | TIGER유가,TIGER구리<br>TIGER농산물<br>TIGER해외주식<br>TIGER그룹주 | KINDEX 중국 | KOSEF 미국달러선물 |

## 운용사별 ETF

## 하이브리드 채권

# 주식과 채권 중간 성격을 지닌 채권으로
# '하이브리드 채권'이 있다!

### 전환 사채

- 채권을 보유하고 있다가 주식가격 상승 시 주식으로 전환 가능한 채권
- 주식으로 전환 시 채권은 소멸

**예시**

좋은사람들3CB
동국제강84CB  한솔홈데코37CB
두산건설84CB  LG이노텍32CB
에스디엔7CB   신화인터텍17CB
유안타증권82CB

### 신주인수권부사채

- 채권과 주식을 살 수 있는 권리가 같이 있는 채권
- 주식이 상승하더라도 채권은 소멸하지 않고 보유 가능

**예시**

중앙종금제 17회 BW

### 교환 사채

- 전환 사채와 비슷하나 교환 사채는 그 회사 주식으로 전환하는 것이 아닌 다른 회사 주식으로 전환
- 보통 계열사 주식으로 전환

**예시**

두산중공업40EB

# 인생 5대 자금과 통계

**인생의 5대 자산**이란, 일반적으로 한 가정의 안정적인 경제생활을 위해 필요한 가정의 생활자금으로 주택자금, 보장자금, 자녀교육 자금, 노후생활자금, 긴급예비자금을 말한다. 개인의 삶의 목표를 파악하고 그 목표를 달성하기 위하여 개인이 가지고 있는 재무 및 비재무적 자원을 적절하게 관리하는 일련의 과정에서, 즉 가족의 형성부터 노년기를 거치면서 우리는 시간에 따라 변화를 겪게 된다.

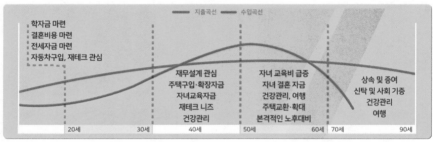

## 인생 5대 자산의 필요성

생애주기가설을 통해 수입과 지출 곡선을 도출해보면 인생 5대 자산은 전 생애에 걸쳐 필요하지만 수입이 일정하지 않기 때문에 기간과 목적에 맞는 재무설계를 해야 한다.

**긴급예비자산**은 예상치 못한 자금유출 및 자금이 필요할 때(실직, 차 고장, 부모님 용돈 등) 모아둔 자산을 말한다. 긴급예비자산은 비상금과 같다. 생활비의 보통 3배수 정도를 입출금이 가능한 별도의 통장에 보관하고, 질병이나 긴급한 상황에 필요한 자금의 경우는 적절한 보험상품 가입을 통해서 빈틈없이 준비해야 한다. 긴급예비자산은 비상시에 즉시 이용할 수 있도록 현금성자산으로 마련해 두는 것이 일반적이며 보통 월 생활비의 3~6배를 마련해 두는 것이 안정적이다.

**보장자산**은 긴급예비자산과 비슷한 성격이지만 자금운용 부분에서 훨씬 치명적이고 큰 금액을 방어하는 자산이다. 긴급예비자산은 생각하지 못한 단기간의 소액 자금 문제를 해결한다면 보장자산은 중장기적이면서 큰 자금 문제를 해결하는 자금이다. 그러기 위해서 보장자산을 제대로 설계해야 한다. 보장자산은 크게 사망, 진단, 입원, 수술, 통원비 등으로, 이것들이 준비가 잘되어 있는지 파악해야 한다.

주요 질병에 걸릴 경우 치료비는 물론 실직 등으로 인한 생활비 문제까지 발생할 수 있으니 보장자산 보험금 금액 설정도 중요하다. 사망보험금은 연봉의 3년 치 정도로, 주요 질병 진단비는 연봉과 같은 수준으로 설정하는 것이 바람직하다.

| 사망보장 | 주요 질병 진단 | 수술·입원·통원 |
|---|---|---|
| - 가장(가정의 주 수입원)의 갑작스런 사망으로 인한 생활비 문제 | - 주요 질병으로 인한 치료비 및 생활비 문제 | - 병원 통원 및 입원으로 인한 소득 상실 및 치료비 문제 |

| 보험 종류 | 사망 | 진단 | 수술 | 입원 | 통원 |
|---|---|---|---|---|---|
| | 일반\|암\|재해\|교통 | 암\|뇌졸중\|심근경색 | 암\|질병\|재해 | 암\|질병\|재해 | 긴급\|골절\|화상 |

## 보장 자산

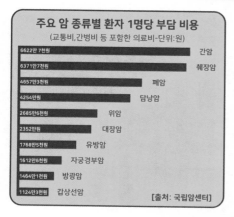

**주요 암 종류별 환자 1명당 부담 비용**
(교통비,간병비 등 포함한 의료비-단위:원)

| 금액 | 암 종류 |
|---|---|
| 6622만 7천원 | 간암 |
| 6371만7천원 | 췌장암 |
| 4657만3천원 | 폐암 |
| 4254만원 | 담낭암 |
| 2685만6천원 | 위암 |
| 2352만원 | 대장암 |
| 1768만5천원 | 유방암 |
| 1612만6천원 | 자궁경부암 |
| 1464만1천원 | 방광암 |
| 1124만3천원 | 갑상선암 |

[출처: 국립암센터]

**암 발생 후 실직률**

실직률
**83.5%**

[출처: 국가암관리사업단]

## 보장 자산 설계

# 인생 5대 자금과 통계

**주거자산**은 결혼자금설계 및 목표자금마련 등 인생에서 가장 많은 자금이 투여되는 항목이기도 하다. 가계대출이 1,500조인 시대, 그중 70% 이상이 주거자산 형성을 위해 발생한 대출이라는 통계가 있다. 주거자산을 어떤 계획으로 형성하느냐에 따라 개인 자산에 긍정적인 요인으로 작용하는 순자산이 될 수도 있으며 부정적인 요인으로 작용하는 부채가 될 수도 있다. 『부자 아빠 가난한 아빠』에서는 부채 형성은 결국 자금의 선순환을 방해하여 자산의 형성 및 축적을 방해한다고 지적했다. 주거자산의 규모가 큰 만큼 장기적이면서 구체적인 재무계획을 가지는 것이 중요하다.

## 전국 아파트 시세

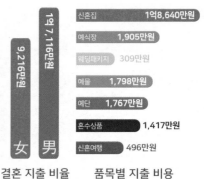

## 결혼자금

### 부모 합산 소득: 500~599만원 기준 (단위: 원)

| 0~2세 | 3~5세 | 6~11세 | 12~14세 | 15~18세 |
|---|---|---|---|---|
| 1,105,000 | 1,189,000 | 1,302,000 | 1,386,000 | 1,610,000 |
| 1,027,000 | 1,122,000 | 1,220,000 | 1,304,000 | 1,494,000 |
| 1,341,000 | 1,284,000 | 1,408,000 | 1,484,000 | 1,715,000 |

━━━ 평균양육비  ━━━ 양육비 구간   [출처: 서울가정법원 - 2017 양육비 산정 기준표 中]

* 본 양육비는 양육자녀가 2인인 4인가구 기준으로 자녀 1인당 평균 양육비이다.
* 부모합산소득은 세전소득으로 근로소득, 영업소득, 부동산 임대소득, 이자소득, 정부보조금, 연금 등을 모두 합한 순수입의 총액이다.

## 생애별 자녀 양육비

| 46,312,000원 | | | | |
|---|---|---|---|---|
| 2015년 1인당 연간 평균 대학등록금 | 4년제 대학 졸업까지 비용 | | 2015년 대학생 한달 평균 생활비 | 4년제 대학 졸업까지 생활비 |
| 6,670,000원 | 26,680,000원 | | 409,000원 | 19,632,000원 |

## 대학생 자녀의 교육비와 생활비

**자녀교육자산**은 인생의 5대 자산 중 가장 탄력적으로 운용할 수 있는 자금으로서, 결혼자금이나 주택자금처럼 돈이 한꺼번에 필요하지 않다. 자녀계획을 세워서 자녀가 태어날 시점이나 어린 시기부터 시작하여 소액이라도 꾸준히 준비할 수 있다. 무리한 교육자금 지출이 없는 덕분에 삶의 질을 높이고 노후 준비를 할 수 있는 여력이 자금에서 시작된다.

[출처: 국민연금공단]  (단위: 천원)

1,741,7  **부부**
1,040,7  **개인**
최소 노후 생활비

2,369,3  **부부**
1,453,2  **개인**
적정 노후 생활비

### 노후 생활비

[출처: 통계청]

| | 2009 | 2011 | 2013 | 2015 | 2017 |
|---|---|---|---|---|---|
| 고령층 인구 | 9,111 | 9,953 | 10,917 | 11,834 | 12,916 |
| 취업자 | 4,457 | 5,052 | 5,788 | 6,374 | 7,084 |
| 고용률 | 48.9% | 50.8% | 53.0% | 53.9% | 54.8% |

○ 고용률  ▨ 취업자  ■ 고령층 인구  (단위: 천명)

## 고령층 인구, 고용률 추이

**노후자산**은 인생 5대 자산 중 우선순위에서 가장 밀려나 있다.

100세 시대를 살아가고 있는 현 시점에서 은퇴 후 살아온 날보다 살아갈 날이 더 많다는 것을 인지하면 노후자금은 가장 우선순위여야 한다.

현재의 생활도 힘이 드는데 나의 먼 미래 노후까지 생각하여 노후 자금을 마련해야 된다는 점이 그저 막막하게 느껴질 수도 있다. 급속히 노령화가 진행되는 현대에 매년 고령 취업자가 꾸준히 증가하고 있다. 재작년도와 비교하였을 때만 보더라도 고용률 역시 54.8%로 증가하고 있는 상황이다. 지금도 여전히 2명 중 1명은 일을 하고 있다.

**지금부터라도 준비하지 않으면 최소한의 노후 생활비조차
보장받지 못하는 시기가 올 수 있다.**

# 자녀교육자금

인생 5대 자금으로는 비상예비자금, 자녀교육자금, 결혼자금, 주택자금, 은퇴자금이 있다. 그중 자녀교육자금은 특히나 한국에서는 아주 중요한 자금인데 어떻게 준비해야 되는지 구체적인 계획 및 실천방안을 가지는 것이 중요하다. 자녀교육자금이 단순히 교육자금준비의 의미만 가지는 것이 아니다.

## 교육자금 마련은 자녀에게 경제교육 및 자립심을 동시에 길러줄 수 있다.

🏆 노벨상 수상자 중 **유대인** 비중 **30%**

**성년식 축하금 5천만~1억원**
▶ 1억원으로 여유 있는 사회생활을 시작

## 유대인의 자녀 경제 교육법

유대인은 역대 노벨경제학상의 30% 이상을 수여받았으며, 세계 부자들 중 대부분이 유대인이다. 그래서 그들의 자녀교육법이 서적이나 언론을 통해 많이 전달되곤 했다. 그중 유대인의 경제교육이 아주 이례적이었는데, 유대인들은 만 18세가 되면 성인식을 치러 주는데, 성인식 때 가족들이 돈을 조금씩 모아서 우리나라 돈으로 5천만원에서 1억가량을 자녀에게 성인식 선물로 준다고 한다. 이 돈으로 자녀들이 사회생활을 시작한다. 우리나라에서도 친척들이 십시일반 모아서 이런 돈을 주면 좋겠지만 현실적으로 쉽진 않다.

금융선진국인 영국에는 차일드 트러스트 펀드 제도가 있다. 이 펀드는 자녀가 10살이 되면 부모가 의무적으로 가입시켜줘야 하며 우리나라 돈으로 약 50만원 정도를 저축해줘야 하는데 18살 때까지 인출할 수가 없다. 이를 통해 자녀는 10살 때부터 자신 이름으로 된 투자 계좌를 가지게 되며, 자연스레 저축과 투자에 대해서 익숙해지게 된다. 그로 인해 자연스레 경제 상식 및 경제 마인드가 길러지는 것이다.

## 영국 정부는 2002년 9월
## 차일드 트러스트 펀드(Child Trust Fund)를 전격 도입했다!

- 만 10세가 되면 차일드 트러스트 펀드에 의무적으로 가입

- 연간 250파운드(약 45만원)씩 적립, 만 18세 때까지 인출 불가

- 가장 형편이 어려울 시 모자라는 만큼 정부에서 보조

투자 마인드

저축 마인드

경제 일반 상식

영국의 차일드 트러스트 펀드

# 자녀교육자금

미국 또한 529 플랜이라는 자녀저축계좌가 있는데, 연방정부는 부모가 의무적으로 학비 전용 투자 계좌를 만들게 하고 그 통장에 돈을 입금할 때 세금을 절세해줌으로써 학자금 마련을 도와준다. 529 계좌는 크게 두가지로 529 저축 계좌와 529 학자금 계좌가 있다. 529 계좌를 학자금 이외의 목적으로 사용할 경우 중과세를 부과하여 학자금으로만 사용하게 한다.

**529 플랜은** 연방정부가 제정하고 주정부가 운영하는 학비전용 저축계좌로, **돈을 넣은 만큼 소득을 낮게 보고할 수 있어 세금 혜택이 커진다.**

## 미국의 529 플랜

각 나라마다 어린이 때부터 학자금 마련과 함께 경제 관념을 심어주기 위한 정책들이 많은데, 안타깝게도 우리나라에는 이런 제도가 부족한 편이다. 현재 정부의 최저 교육비 지원 내용이 진행되고 있지만 현실적으로 부족한 자금이다.

통계청 자료를 살펴보면 생애자녀교육비가 3억가량 발생한다고 하니 엄청난 자금이 필요한데도 불구하고 자녀교육비 준비를 못하는 이들이 많다. 또한 소득별 소비 지출 항목을 분석해보면 고소득층보다 저소득층 가구에서 교육비 부담이 훨씬 더 클 수밖에 없는데, 자연스레 교육자금이 준비되지 않으면 자녀교육의 양과 질이 저하될 수밖에 없다.

### 소득 1분위 5분위 가구별 월평균 교육비 (단위: 원)

| 연도 | 소득 1분위<br>(하위 20%) | 소득 5분위<br>(상위 20%) |
|---|---|---|
| 2010년 | 8만 5735 | 54만 2946 |
| 2011년 | 8만 5098 | 51만 6989 |
| 2012년 | 7만 8862 | 51만 2589 |
| 2013년 | 7만 6617 | 50만 4298 |
| 2014년 | 6만 6766 | 52만 9380 |
| 2015년 | 7만 620 | 52만 8391 |
| 2016년 | 8만 3297 | 66만 5461 |

## 그러면 자녀교육자금을 어떻게 준비해야 할까?

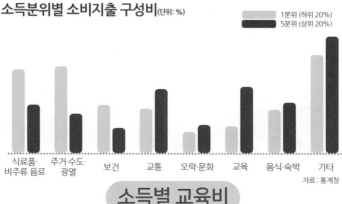

**소득분위별 소비지출 구성비** (단위: %)

- 1분위 (하위 20%)
- 5분위 (상위 20%)

식료품·비주류 음료 / 주거·수도·광열 / 보건 / 교통 / 오락·문화 / 교육 / 음식·숙박 / 기타

자료 : 통계청

## 소득별 교육비

### 가로저축

세로저축과 상대적인 개념으로 재무목적에 맞는 목적자금의 우선순위를 정한 뒤 목적자금이 필요한 시점을 계산하여 목적자금을 골고루 저축시키는 방법으로 세로저축 대비 적은 금액으로 목표자금을 활용할 수 있는 방법

| 대상자 | 증여금액 | 사전증여가능기간 |
|---|---|---|
| 배우자 | 6억원 | |
| 직계존속, 비속 (성인) | 5천만원 | 10년 |
| 직계비속 (미성년) | 2천만원 | |
| 기타친족 | 1천만원 | |

증여자가 수증자에게 증여세 없이 미리 정해진 한도 안에서 증여를 할 수 있는 제도이다.
사전증여제도를 활용하면 10년간 사전증여 금액을 증여할 수 있으므로 **일찍 시작할수록 세금 부분에서 효과를 볼 수 있다.**

## 사전증여 제도

'똑똑하게 저축하기' 챕터에서 설명한 바 있는 가로형 저축을 통해 자녀교육자금을 미리 계산하여 준비하는 것이 좋다. 미래에 발생할 교육자금을 사전에 계산하고 일정 기간 동안 꾸준히 불입하게 되면 수익률과 기간을 이용한 복리 효과로 자녀교육자금이 마련될 수 있다. 이런 저축과 함께 사전증여 제도를 활용하면 증여세 절세 효과도 볼 수 있다. 국내 사전 증여는 미성년자인 경우 2천만원, 성년인 경우 5천만원까지 세금없이 자녀에게 넘겨줄 수 있는 세금 제도이다. 어린이저축상품으로는 은행, 증권회사, 보험회사 상품별 특징이 있으니 잘 살펴보고 본인에게 맞는 상품을 선택하면 되겠다.

# 은퇴자금 준비하기

**호모 헌드레드**라는 말은 100세에 가까운 나이에도 젊은이들 못지 않는 건강한 활력을 가진 이들을 일컫는 신조어다. 어느새 우리는 100세 시대를 살고 있다. 《타임》지는 2015년 지금 태어난 아기들은 142살까지 산다는 기사를 게재한 바도 있다. 단순한 추측이 아닌 최근 실험 결과 및 추세를 볼 때 가능한 수치여서 기대와 걱정이 동시에 드는 이야기이다. 실제로 구글 공동창업자인 세르게이 브린은 인간 유전자와 흡사한 예쁜꼬마선충을 통해 생명연장실험에 성공했다고 밝힌 바 있다.

이렇듯 100세 시대는 준비된 자들에게는 축복일 것이고 준비되어 있지 않는 자들에게는 재앙이 될 수도 있다.

일본에서 저술된 『노후파산』이라는 책을 보면 노후 준비가 되지 않은 장수의 악몽에 대해서 언급을 하기도 하였고, 『보도 섀퍼의 돈』이라는 책에서는 인생 5대 자산 중 은퇴 자산이 마련되었을 때 비로소 경제적 자유를 얻을 수 있다고 말하고 있다.

## 인생 필수 5대 자금 중 은퇴 자산은
## 선택이 아닌 필수가 되었다.

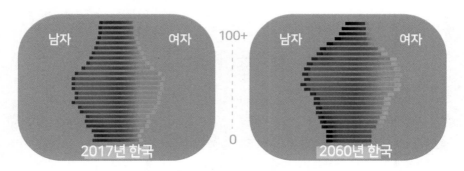

## 대한민국 인구구조 변화

### 그러면 은퇴자산을 어떻게 준비해야 하는지 알아보자.

| **WHAT**<br>어떤 노후를<br>**보내고 싶은가** | **WHEN**<br>언제<br>**은퇴하고 싶은가** | **WHERE**<br>은퇴 후<br>**어디서 살고 싶은가** |
| --- | --- | --- |
| **WHY**<br>은퇴준비는<br>**왜 필요한가** | **HOW**<br>은퇴 준비는<br>**어떻게 할 것인가** | **WHO**<br>은퇴 후<br>**누구와 살 것인가** |

## 은퇴 설계 시 고려사항

은퇴 설계 시 고려해야 하는 사항 5W1H(육하원칙) 내용을 참고하여야 한다. 우선 은퇴 설계가 왜 필요한지 어디서, 누구와 살 것인지, 은퇴 후 사회생활활동을 어떻게 할지 등 다양한 계획을 수립해야 한다. 그러고 나서 그 삶에 필요한 자금계획을 수립하는 것이 중요하다.

## 현금흐름으로 계산한 은퇴자금 준비

은퇴설계 자금계획을 수립할 때 크게 2가지 방법이 있다. 하나는 재무계산기를 통한 은퇴자금계산방식이고, 다른 하나는 4층 연금을 활용한 현금흐름방식이 있다.

**4층 연금**이란, 국민연금, 퇴직연금, 개인연금, 주택연금을 의미한다.

**4층 연금을 활용한 현금흐름방식**이란, 월 희망연금수령액에서 예상국민연금수령액과 퇴직연금수령액, 주택연금수령액을 차감한 개인연금 필요자금을 계산하는 방식으로, 간단히 은퇴자금을 계산할 수 있는 장점을 가지고 있다.

# 은퇴자금 준비하기

국민연금 예상수령액은 국민연금 홈페이지에서 확인할 수 있으며, 납부 기간 및 현재 소득을 대입하면 예상 국민연금 수령액 조회가 가능하다. 국민연금은 물가상승률을 반영하여 지급액이 조절되며, 평생 지급되는 장점을 가지고 있다.

**NPS**

**고용노동부**
Ministry of
Employment and Labor

## 국민연금, 퇴직연금 조회

### 예상연금 모의계산

▶ 기본정보 입력
▶ 소득정보 입력
▼ 고객정보

▼ 노령예상연금

| 생년월일 | 국민연금<br>최초 가입 연월 | 중신보증<br>20년 |
|---|---|---|
| 1980년<br>10월 10일 | 2018년<br>1월 | 2048년<br>1월 |

▶ 계산 내역

| 구분 | 현재가치 | 미래가치<br>소득상승률 연3.0% 적용 |
|---|---|---|
| 노령 연금액 | 월 797,050원<br>(연 9,564,600원) | 월 2,109,670원<br>(연 25,316,040원) |
| 수급개시연령 | 65세 | 65세 |
| 수급개시연월 | 2045년 11월 | 2045년 11월 |

## 국민연금 예상연금 알아보기

퇴직연금 예상수령액은 고용노동부 홈페이지를 통해 계산할 수 있으며, 월 수령액은 회사 홈페이지 데이터자료에서 제공하고 있다. 퇴직연금 가입을 의무화하기 위한 제도를 마련 중이며, 2012년 7월 26일에는 근로자퇴직급여 보장법을 개정시행하면서 기존퇴직연금제도를 강화하기도 하였다. 그리고 DC, DB 형태가 아닌 IRP 가입 시 세금 혜택을 추가적으로 지급함으로써 퇴직연금 가입 활성화를 추진하고 있다.

| 퇴직 시 금액 | 남자 | |
| --- | --- | --- |
| | 중신보증10년 | 중신보증20년 |
| 8천만 | 3,503,543 | 3,441,053 |
| 9천만 | 3,941,486 | 3,871,185 |
| 1억 | 4,379,428 | 4,301,316 |
| 1억 1천만 | 4,817,371 | 4,731,448 |
| 1억 2천만 | 5,255,314 | 5,161,579 |

## 퇴직연금 수급 예시표(2.5% 공시이율 적용)

HF 한국주택금융공사
KOREA HOUSING FINANCE CORPORATION ▶▶ 주택연금 > 예상연금조회

## 주택금융공사 예상연금조회

주택연금 예상수령액은 한국주택금융공사 홈페이지를 통해 확인할 수 있다. 주택연금은 '역 모기론'이라 불리는 연금 형태로서 자신의 집을 담보로 연금을 수령한다. 주택을 담보로 연금을 수령받지만 안정적으로 거주가 가능하며 주택가액이 5억원 이하일 경우 재산세 등 할인 혜택을 부여받을 수 있다. 또 연금을 수령하다가 배우자가 사망하더라도 연금액은 감액되지 않고 그대로 지급되며, 주택가격 대비 연금액이 많더라도 차액을 상속인에게 청구하지 않는 장점을 가지고 있다. 이렇게 각 공단 및 협회를 통해 4층 연금에 대한 예상금액을 계산하여 필요자금에 대비하면 필요한 개인연금 준비액이 산출된다.

# 재무계산기 활용

재무계산기를 활용하면 재무설계를 할 때 정확한 자금 및 필요 기간, 수익률을 예측할 수 있다.

## 따라서 재무계산기 활용을 통해
## 전문적인 재무설계를 진행할 수 있다.

재무계산기는 종류별로 다양하지만 주로 텍사스인스트루먼트에서 만들어지는 BA II (비에이투) 플러스 제품을 많이 사용하고 있다. 재무계산기는 기본적인 계산기와 형태 및 배치가 다르기 때문에 사용법에 대해서 먼저 알아야 한다. 재무계산기는 On/Off 키와 CE/C 키가 다른 계산기와 달리 따로 분리되어 있다. On/Off 키는 재무계산기 작동을 하 는 키이며 CE/C 키는 새로운 계산을 할 때 이전 계산을 초기화하는 키이다. 2nd(세컨드) 키는 다 양한 계산을 위해 재무계산기 기본 키패드 위에 작은 글씨로 쓰여진 기능을 활용할 때 사용하는 키이다.

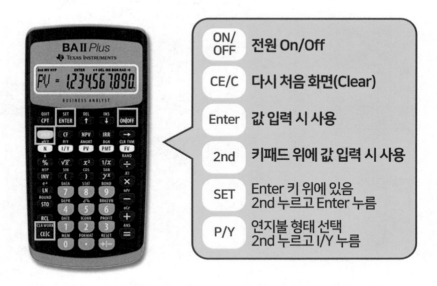

| | |
|---|---|
| ON/OFF | 전원 On/Off |
| CE/C | 다시 처음 화면(Clear) |
| Enter | 값 입력 시 사용 |
| 2nd | 키패드 위에 값 입력 시 사용 |
| SET | Enter 키 위에 있음<br>2nd 누르고 Enter 누름 |
| P/Y | 연지불 형태 선택<br>2nd 누르고 I/Y 누름 |

## 재무계산기(BA II - PLUS) 이해 및 기본 설정

## 재무계산기를 사용하기 전에 크게 세 가지를 설정할 수 있다.

### 소수점 표시

| Press | | | Display | |
|---|---|---|---|---|
| 2nd [Format] 4 | Enter | | DEC = | 4.0000 |
| 2nd [QUIT] | | | | 0.0000 |

첫 번째는 **소수점 조정**이다. 일반적으로 소수점이 2자리로 되어 있는 경우가 많은데 경우에 따라 소수점을 조정해야 한다. 소수점 조정을 하기 위해서는 2nd 키를 입력하고 '.(점)' 키위에 Format이라고 되어 있는 키를 누르고 나서 지정할 소수점 자리를 숫자로 누른 뒤 Enter를입력하면 된다.

### 복리계산(Compound Interest)

| Press | | Display | |
|---|---|---|---|
| 2nd [P/Y] 1 Enter | | P/Y = | 1.0000 |
| ↓ | | C/Y = | 1.0000 |
| 2nd [QUIT] | | | 0.0000 |

두 번째는 **복리 계산 방식**이다. 복리 계산 시 월복리로 하느냐 연복리로 하느냐에 따라나오는 값이 다른데 복리를 설정할 때는 2nd 키를 입력하고 I/Y 키 위에 P/Y를 입력하고 화살표를 조정하여 C/Y(복리 기간)을 조정해주면 된다. 월복리인 경우 12로 고치고 3개월 복리인 경우4로 고치면 된다.

### 기시급·기말급

| Press | | Display | |
|---|---|---|---|
| 2nd [BGN] | | END | |
| 2nd [SET] | | BGN | |
| CE/C | | | 0.0000 |

세 번째는 **월초 또는 월말 납입**이다. 월초 납입인 경우 2nd를 입력하고 PMT(BGN)를누른 뒤 화면에 BGN이 뜨면 설정된 것이다. 월말 납입으로 변경할 경우 2nd를 입력하고Enter(SET)를 입력하면 BGN이 END로 변경된다.

# 재무계산기 활용

**간단하게 재무계산기 사용법에 대해서 알아봤다.**

이제 재무계산기 활용법에 대해서 알아보자.

은퇴설계, 재무설계, 보험설계, 부동산설계, 투자설계 등 사례형에서 **'화폐의 시간가치(TVM, Time Value Of Money)'**가 매우 중요하게 쓰이므로 규칙을 알고 재무계산기를 활용한다면 많은 도움이 될 것이다.

$$PV = \frac{FV}{(1+i)^n}$$

**할인율(Discount Rate)**
미래가치를 현재가치와 같게 만드는 적절한 값(수익률)

PV = 현재가치        i  = 할인율
N  = 연수(기간)      FV = 미래가치

## 화폐의 시간가치

재무계산기는 화폐의 시간가치를 파악하는 것으로 볼 수 있다. 은퇴설계 및 투자설계, 보험설계 등은 현재가치와 미래가치 파악하는 것인데 시간가치란, 현재와 미래 가치 사이의 괴리를 수익률과 물가상승률로 파악하여 정확한 자금 도출을 하는 것이다. 현재가치는 미래가치를 일정한 할인율로 나눈 것이다. 이를 다르게 표현하면 미래가치는 현재가치에서 일정한 수익률로 곱한 것으로 본다는 의미인데, 여기서 포함되는 수익률 및 할인율에는 금융상품을 통한 기대수익률과 물가상승률 등이 있다.

재무계산기를 통해 재무설계를 하기 위해서는 재무계산기 키패드를 조금 더 알아야 한다. N은 넘버의 약자로 납입횟수를 의미하고 I/Y는 Interest Per Year 로 연기대수익률, PV는 Present Value로 현재가치, FV는 Future Value로 미래가치를, PMT는 Payment로 월납입금액을 의미한다.

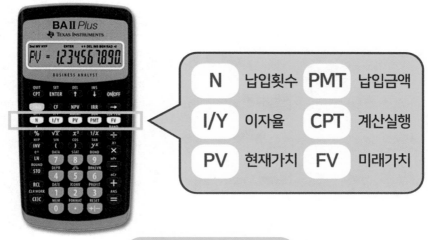

## 재무계산기 활용 시

### 그럼 목표 기간을 한 번 계산해보자.

만약 목표 자금이 1억원이고 연 기대수익률이 5%에 매달 50만원씩 납입한다고 했을 때 얼만큼의 기간이 필요한지 계산해보자.

## 목표기간 정하기

이때는 pmt를 50으로 입력하고 이자율은 5/12로 입력한다. 이는 연 수익률을 월로 입력하기 위함이다. 그리고 목표 자금 1억원을 넣은 뒤, 'CPT(컴퓨트)+N'을 누르면 목표 기간이 나오게 된다.

# 재무계산기 활용

## 두 번째로 목표수익률을 계산해보자.

목표수익률은 똑같은 방식으로 나머지 값은 동일하게 누른 다음 마지막 I/Y를 입력하면 된다.
목표수익률이 나오면 그 수익률에 알맞은 금융상품을 선택하면 된다.

일시금 or 월납입 금액      납입횟수    미래에 필요한 자금     **목표수익률**

### 목표수익률 정하기

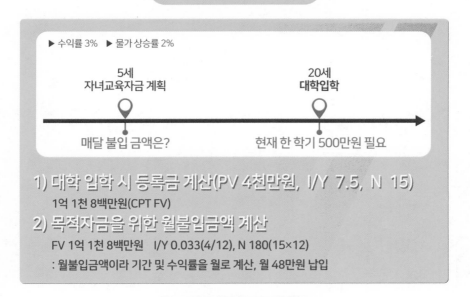

▶ 수익률 3% ▶ 물가 상승률 2%

|  |  |
|---|---|
| 5세<br>자녀교육자금 계획 | 20세<br>대학입학 |
| 매달 불입 금액은? | 현재 한 학기 500만원 필요 |

**1) 대학 입학 시 등록금 계산(PV 4천만원, I/Y 7.5, N 15)**

1억 1천 8백만원(CPT FV)

**2) 목적자금을 위한 월불입금액 계산**

FV 1억 1천 8백만원   I/Y 0.033(4/12), N 180(15×12)

: 월불입금액이라 기간 및 수익률을 월로 계산, 월 48만원 납입

### 재무계산기 활용법

## 자녀교육자금 마련 설계를 해보자.

현재 5세인 자녀를 둔 부모가 연간 1천만원(한 학기당 500만원) 등록금이 소요되며, 대학등록금 인상율이 7.5%이며 금융상품의 기대수익률이 4%라고 가정했을 때 매달 불입해야 하는 금액이 얼마인지 계산해보자.

먼저 대학 입학 시 총 필요한 등록금 4천만원의 미래가치를 구한다. 4천만원을 PV로 입력하고 수익률(I/Y)을 7.5%, 기간(N)을 15년으로 하면 필요한 자금은 1억 1천 800만원(FV)이 나온다. 이를 준비하기 위해 4% 금융상품으로 운영한다고 가정한다면 FV에 1억 1천 800만원을 입력하고 수익률(I/Y)을 '4÷12'로 한 0.033을 입력하고, 기간(N)을 월 단위로 나눈 180(15년×12달)을 입력한다. 그리고 CPT+PMT를 입력하면 필요한 월불입금액 48만원이 산출된다.

Part 4

보장

# 보험증권 분석하기

## 보험증권이란?

보험증권이란 보험계약의 성립을 증명하는 문서이다. 보험증권은 보험종목, 보험금액, 보험기간, 보험금을 지급받을 자의 주소와 성명 등이 기재된 본문과 보험계약을 기재한 내용으로 구성되어 있다.

보험계약자의 청구에 의해 보험회사가 교부하도록 규정하고 있다.

## 확인사항

1. 상품 유형 확인!
2. 보장 기간, 납입 기간 확인!
3. 보장 내용 확인!
4. 보험계약 권리지정 확인!

## 보험증권 확인사항

보험증권을 통해 상품 종류와 납입 기간, 보장 기간, 보장 내용, 보험 권리지정 등을 파악해야 한다. 상품 종류는 간단히 보험명만 들어도 가늠할 수 있는데, 정확한 내용은 보험약관을 살펴봐야 한다. 보험은 생명보험인지, 손해보험인지, 저축상품인지, 보장상품인지, 금리형인지, 변액상품인지 살펴봐야 한다. 혹시나 저축을 목적으로 가입했는데 상품이 보장성이 아닌지 살펴보는 것도 중요하다. 최근에는 각 보험회사마다 보장해주는 범위가 겹치는 것이 많아지긴 하였지만 보장 범위 및 보장 특징의 차이가 있기 때문에 생명보험회사인지 손해보험회사인지 파악하는 것도 중요하다. 마지막으로 투자 여부에 따라 변액 상품과 비변액 상품으로 나눌 수 있다. 적립보험료가 투자상품으로 이루어져 일반상품 대비 예정이율이 낮게 측정되므로 변액보장성 상품인 경우 보험료가 일반상품보다 저렴한 편이다. 대신 투자 성과에 따라 적립보험료가 달리지기 때문에 관리가 매우 중요한 상품이기도 하다.

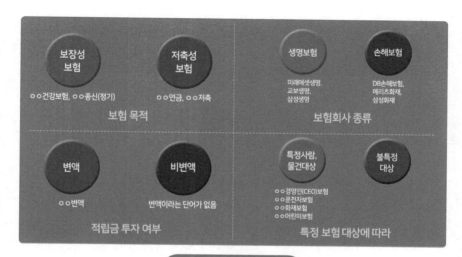

| 보장성 보험 | 저축성 보험 | 생명보험 | 손해보험 |
|---|---|---|---|

○○건강보험, ○○종신(정기)　　　○○연금, ○○저축

미래에셋생명, 교보생명, 삼성생명

DB손해보험, 메리츠화재, 삼성화재

보험 목적　　　　　　　　　　　　보험회사 종류

| 변액 | 비변액 | 특정사람, 물건대상 | 불특정 대상 |
|---|---|---|---|

○○변액　　　　　변액이라는 단어가 없음

○○경영인(CEO)보험
○○운전자보험
○○화재보험
○○어린이보험

적립금 투자 여부　　　　　　　　특정 보험 대상에 따라

## 상품종류 파악

### 보험상품을 확인할 때 상품 종류와 함께
## 주보험이 어떤 상품인지 파악해야 한다.

**주보험**은 그 보험상품이 유지되는 조건이기도 하다.

주보험이 성사되어야 특약의 상품에 가입할 수 있는데 주보험이 본인이 원하는 보장내용인지 파악해야 한다.

**주보험**
계약을 유지하기 위해 필수적으로 가입해야 하는 보장내용

**특약**
주보험에 가입하고 나서 추가적으로 고객의 의사에 따라 가입할 수 있는 보장 항목
상품에 따라 특약 내용을 추가 및 삭제할 수 있다.

특약

주보험

## 주보험 파악

# 보험증권 분석하기

**보장 상품 종류에 이어 확인해야 하는 내용은**
## 보장 기간과 납입 기간이다.

보험계약을 하는 경우 '몇 년 납, 몇 년 만기 상품'이라는 표현을 많이 하는데 말 그대로 납기는 납입
기간이며, 만기는 보장 기간을 의미한다. 100세 시대이기에 보장 기간이 길어야 하는데, 예전
보험 중 70세 만기, 80세 만기 상품들이 많으므로 보장 기간이 언제까지인지 살펴봐야 한다.

> **Tips**
> 보험에 들 때는 가장 많은 의료비(치료비, 수술비,
> 간병비)가 드는 노후에 보장받을 수 있도록 기간을
> 설정하는 것이 좋다.

| 사망 및 질병 발생시기 | 59세 | 60~69세 | 70~79세 | 80세~ |
|---|---|---|---|---|
| 사망 | 21.4% | 13.% | 27.9% | 37.3% |
| 암 | 51.7% | 24.0% | 19.1% | 5.2% |
| 뇌혈관질환 암 | 27.7% | 26.9% | 32.0% | 13.4% |
| 심장질환 | 34.4% | 29.9% | 27.2% | 8.5% |

## 보장 기간 확인사항

**또한 상품 종류에 따라 납입 형태가**
## 갱신형인지 비갱신형인지 파악이 필요하다.

갱신형은 현재 보험료 부담이 적지만 향후 보험료가 지속적으로 상승하며, 비갱신형은 현재
보험료 부담이 있지만 일정 납입 기간 이후 보험료 납입을 하지 않아도 되는 특징이 있으니
자신의 상황에 맞는 유형을 선택해야 할 것이다.

## 세 번째 확인해야 할 것은 보장의 가입 목적인 보장 내용이다.

보험을 가입하는 이유가 만약에 있을 질병과 사고를 대비하는 것인데, 불의의 사고가 발생했을 때 자신이 가입한 보험이 그 사고를 보장하지 못한다고 하면 매우 억울할 수 있다. 따라서 보장 내용이 어떻게 되는지 파악하는 것이 보장 분석의 핵심일 수 있다. 보험 상품 및 보험사마다 보장 범위가 다르다는 점을 명심하자. CI 보험의 경우 3대 주요 질병의 일부분만 보장해 주기 때문에 보장 범위를 정확히 파악해야 한다.

보장 내용 확인

| 보험 계약자 | 피보험자 | 수익자 | 만기보험금 | 사망보험금 |
|---|---|---|---|---|
| 母 | 父 | 母 | 과세 없음 | |
| 母 | 母 | 자녀 | 증여세 | 상속세 |
| 母 | 父 | 자녀 | 증여세 | |
| 祖父 | 父 | 손주 | 증여세(30% 할증) | |
| 자녀(경제적 능력 없음) | 父 | 자녀 | 증여세 | 상속세 |
| 자녀(경제적 능력 있음) | 父 | 자녀 | 과세 없음 | |

## 보험의 권리지정과 세금

## 마지막으로 확인해야 하는 것은 보험계약의 권리지정이다.

계약자 피보험자 수익자 관계에 따라 세금 관계 문제가 발생할 수 있다. 또한 보험 사고 시 수령자가 누군지 대상자가 누군지 정확히 파악해야 한다. **계약자**는 보험료를 납입하는 사람이며 계약의 주권을 가지고 있는 자이다. **보험의 대상자**는 피보험자이며, 보험 사고 시 돈을 수령하는 사람이 **수익자**이다. 따라서 세금 및 보험금 압류 문제가 있을 경우, 상속이나 증여를 고민하는 경우 등을 고려하여 계약자와 피보험자, 수익자 권리지정을 제대로 해야 한다.

# 실손보험 변천사

실손보험은 전 국민 3,000만 명 이상이 가입한 보험이다. 건강보험 보장률은 2014년 기준 63% 수준이며 나머지 36%를 실비보험으로 해결하고 있다. 그런데 언제 가입했냐에 따라 보장받는 내용이 다르다.

**그러므로 실손보험의**
**역사와 변경된 내용을 알고 있어야 한다.**

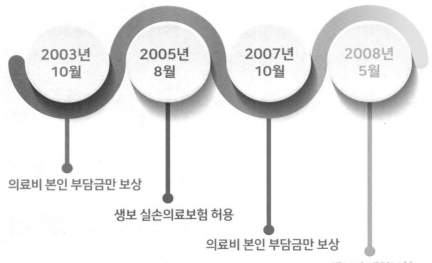

2003년 10월 — 의료비 본인 부담금만 보상

2005년 8월 — 생보 실손의료보험 허용

2007년 10월 — 의료비 본인 부담금만 보상

2008년 5월 — 생보사 개인보험 실손의료보험 판매 개시

## 실손보험 역사

초기 실손보험은 의료비에 대해 자기 부담금과 공단 부담금 모두 보장을 해 주었다. 그리고 2005년 8월 생명보험사의 실손의료보험이 허용되었다. 실손보험 보장은 보험료 부담을 줄이기 위해 자기부담금 증가, 보장 세분화, 보장한도 축소를 진행하며 변천해왔다. 2008년 5월 생보사의 개인보험 실손의료보험 판매가 시작됐고, 2009년 7월과 9월에는 실손의료보험이 전면 개정되었다.

2009년 10월에는 실손보험 1차 표준화가 시작되었고, 2013년 1월 표준형 실손보험 상품이 판매되면서 2차 표준화를 실시하였으며, 실손단독상품이 판매되기 시작했다. 2016년 1월 일부 정신질환 등 보장이 확대되었고 2017년 4월에는 특정 치료 자기부담률이 30%로 변경되었다.

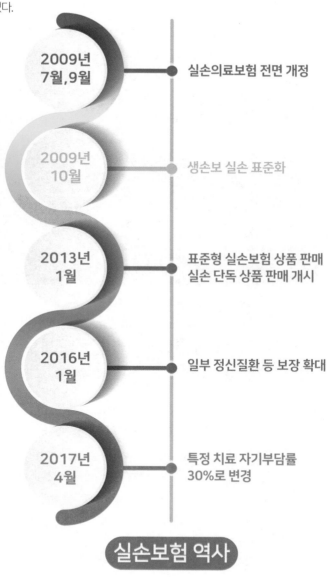

**2009년
7월,9월** 　실손의료보험 전면 개정

**2009년
10월** 　생손보 실손 표준화

**2013년
1월** 　표준형 실손보험 상품 판매
실손 단독 상품 판매 개시

**2016년
1월** 　일부 정신질환 등 보장 확대

**2017년
4월** 　특정 치료 자기부담률
30%로 변경

실손보험 역사

# 🚨 실손보험 변천사

2009년 10월 1차 표준화 때 자기부담금 기준이 처음 생겨났으며, 2015년 9월에 자기부담금이 20%로 보상범위가 축소되었고, 2017년 4월 이후 자기부담금 30%로 보상 범위가 크게 축소되었다.

| ~2003. 09. 30. | 본인부담금 + 공단부담금 보상 / 자동차&산재 사고 시 100% 보상 / 입통원 구분 없이 보상 |
|---|---|
| 2003. 10. 01. ~ | 본인부담금만 100% 보상 / 모든 실손 보험 비례보상 / 자동차&산재 사고 시 50% 보상 / 해외 진료비 40% 보상 |
| 2009. 10. 01. ~ | 본인부담금 90% 보상 / 통원 진료비 1~2만원 공제 / 약제비 8천원 공제 / 해외진료비 면책 (2009.08.01. 이후) / 한방, 치과, 치매, 항문 관련 질환부책(단, 급여부분의 본인부담) |
| 2013. 04. 01. ~ | 1년 갱신 / 15년 만기 |
| 2015. 09. 01. ~ | 자기부담금 20% 확대 |
| 2016. 01. 01. ~ | 퇴원 시 처방받은 약값도 최대 5천만원까지 보장 / 우울증, 주의력결핍 과잉행동장애 (ADHD) 등 일부 정신질환보장(급여부분) 신설 / 입원의료비 보장기간 확대 / 해외 장기체류 시 보험료 납입중지 가능 |
| 2017. 04. 01. ~ | 기본형 + 특약구조로 변경 / 자기부담율 30%로 증대 / 특약 1(도수, 체외충격파, 증식치료), 특약 2(비급여 주사제), 특약 3(비급여 MRI 검사) |

## 한눈에 보는 실손보험

### 소위 2009년 이전 상품을 '구 실손'이라고 하며, 이후 상품을 '표준화 실손'이라고 한다.

**표준화**란 [생손보 표준약관 적용으로 어느 회사에 가입해도 같은 보장을 받는다]라는 의미이다. 표준화 실손이 실시되면서 자기부담금은 생겼지만 치질 항문 관련 질환 및 치매, 우울증 같은 정신과 질환 보장이 추가되어 어떤 실손이 무조건 좋다고 판단하기는 어렵다.

실손보험 기본보장내용을 자동차보험의 변천과정으로 이해하면 보다 쉽게 파악될 것이다. 자동차보험도 실손보험과 동일하게 변화되었다. 구 실손의 경우 일반상해의료비보장으로 본인부담금뿐만 아니라 공단부담금을 지원해 주었는데 표준화실손 이후에는 본인부담금 중 일부만 보장해주며 한도가 생겨났다. 하지만 한방 치료 및 치과 치료 일부를 지원해주는 항목이 새로이 생겼다.

2016년 1월 실손보험 약관 내용이 변경되었는데, 가입자의 과잉의료비 지출을 방지하기 위해 일부 항목을 열거하여 보장을 제외하는 내용을 추가하였다. 대표적으로, 자유로운 의사결정을 할 수 있는 자가 스스로 자신을 해친 경우나, 보험수익자가 피보험자를 해친 경우, 해외 의료기관 진료비용 등의 내용을 추가하였다.

1, 2차 표준화 이전 실손보험은 자동갱신이지만 2013년 4월 이후 가입했다면 15년 만기 전 2회 이상 재가입 여부를 확인하는 내용을 서면 및 등기우편, 전화 또는 전자우편으로 알리고 계약자는 종료 30일 전까지 별도로 재가입의사를 표시해야 한다. 의사표시가 없을 경우에는 재가입하지 않는 것으로 간주한다.

| 구분 | | 2003. 09. 30. | 2009. 09. 30. | 2013. 03. 31. | 2015. 03. 31. | 2015. 09.~ |
|---|---|---|---|---|---|---|
| 일반 상해 의료비 | 일반 상해사고 | 본인부담 + 공단부담 보상 | 본인부담만 100% | - | - | - |
| | 교통 / 산재사고 | 100%보상 | 50%보상 | - | - | - |
| 상해 의료비 | 상해입원 | - | 100% / 3천만 5천만, 1억 | 70% 5천만 | 70% or 80% 5천만 | 급여 90% 비급여 80% 5천만 |
| | 한방상해통원 | - | 외래 + 약재 5천 공제 | 외래(1만, 2만) 약제(8천) 공제 | 외래(1만, 2만) 약제(8천) 공제 | 외래(1만, 2만) 약제(8천) 공제 |
| | 한방 | - | 입원 보상 통원 면책 | 급여 부분 보상 | 급여 부분 보상 | 급여 부분 보상 |
| | 치과 | - | 보상 | 급여 부분 보상 | 급여 부분 보상 | 급여 부분 보상 |

실손보장 변경내용

## 🚨 생명보험의 장점

보험상품은 예상치 못한 사고나 질병에 대비한 에어백 역할을 한다. 그런데 보험 상품은 보장 이외의 다양한 혜택을 가지고 있다. 특히 생명보험은 보장 외에도 비과세 효과, 상속증여세 절세 효과, 연금 효과가 있다.

### 필자는 생명보험의 장점을 '비상 연금'이라고 표현한다.

| 국가 | 네덜란드 | 독일 | 스위스 | 호주 |
|---|---|---|---|---|
| 이자 소득세율 | 60.0% | 53.8% | 50.9% | 48.5% |
| 국가 | 미국 | 영국 | 일본 | 한국 |
| 이자 소득세율 | 46.0% | 40.0% | 40.0% | 15.4% |

선진국처럼 늘어나는 복지정책으로 세금은 늘어날 수밖에 없다.
비과세 상품이 꼭 필요하다!

### 우리나라 소득세율

2009년 일본에 쓰나미가 발생했다. 쓰나미 발생 이후 일본 가정에서 보관하고 있던 많은 금고가 쓰나미에 휩쓸려서 떠내려온 것을 정리하는 장면이 보도된 적이 있다. 왜 일본인들은 금융기관을 통해 자금을 맡기지 않고 금고에 돈을 넣어 두었을까? 이유는 일본 은행금리가 마이너스 금리였고 투자형 상품에 투자해서 수익이 나더라도 40% 이자에 배당소득세까지 내야 했기 때문이었다.

우리나라는 현재 이자소득세가 14%(지방세 포함 15.4%)이다. 다른 선진국 대비 낮은 이자, 배당소득세율이지만 2,000만원까지만 14%가 적용되고 그 이상 이자나 배당이 발생할 경우 종합과세 대상이 된다(6~42%). 따라서 장기 금융상품일 경우 가산되는 이자가 많기 때문에 더욱 더 소득세율에 민감해야 한다. 요즘 같은 저금리 시대에 1년 넣는 은행 상품은 이자소득세가 많지 않을 수 있지만, 10년 이상 납입 또는 유지해야 하는 상품은 이자가 많이 발생한다.

## 따라서 이자소득세에 대해
## 비과세 혜택은 아주 중요하다.

2017년 4월 1일 이후 저축성보험의 비과세 한도가 일부 줄어들었기는 하지만 비과세 한도가 여전히 가장 큰 금융상품은 보험이다. 따라서 장기금융상품인 경우 수익률도 고려해야 하지만 비과세 한도를 정확히 이해해야 한다.

저축성보험은 월납인 경우 월 평균 150만원(연간 1800만원 이하)까지 비과세 혜택이 적용되며, 일시납인 경우 1억원까지 비과세 혜택이 적용된다. 저축성보험의 월납인 경우는 연간 한도는 제한되어 있지만 총 한도가 없기 때문에 저축을 일찍 시작할수록 비과세 혜택을 더 많이 받는다고 할 수 있다.

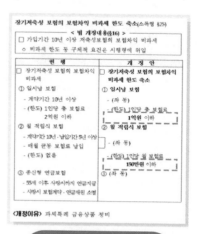

「소득세법」 개정

# 생명보험의 장점

| 과세표준 | 세율 | 누진공제 |
|---|---|---|
| 1억원 이하 | 10% | 0원 |
| 5억원 이하 | 20% | 1000만원 |
| 10억원 이하 | 30% | 6000만원 |
| 30억원 이하 | 40% | 1억 6000만원 |
| 30억원 초과 | 50% | 4억 6000만원 |

우리나라에서
가장 높은 세금은
**상속증여세!**

**생명보험의 두 번째 장점은** 상속증여세 절세 효과이다.

## 상속증여 절세법

상속증여는 우리나라에서 가장 높은 세율(최고 50%)이 적용되는 세금이다. 현재 상속증여를 활용할 수 있는 가장 좋은 방법은 보험이다. 상속세를 절세하는 방법은 의외로 간단하다. 보험의 권리 지정을 잘 설정하면 된다. 보험 권리지정에서는 크게 계약자, 피보험자, 수익자를 설정하는데, 계약자와 수익자를 배우자 및 소득이 있는 자녀로 설정하고 피보험자를 상속인으로 설정하게 되면 상속인이 사망 시 나오는 보험금에 대해서는 상속재산으로 보지 않고 피상속인의 재산으로 보기 때문에 상속 세금이 발생하지 않는다. 보험 권리지정은 국세청에서도 추천해주는 방법이므로 보험계약 시 권리 지정을 누구로 하느냐가 매우 중요하다.

**증여세 절세 방법은 사전증여, 법인플랜 등 다양한 방법도 있지만**

## 보험상품을 활용한 방법을 알아보자.

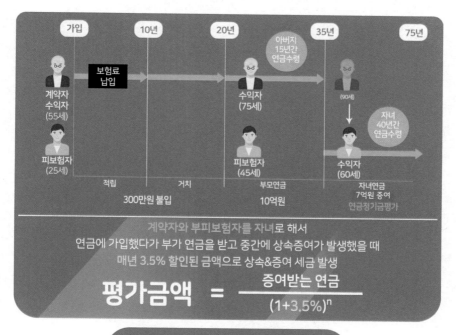

증여세도 상속세처럼 권리지정을 잘 설정하면 절세할 수 있다.

하지만 상속세와는 반대로 계약자와 수익자를 증여자(부모)로 설정하고 피보험자를 수증자(자녀)로 설정해야 한다. 이렇게 설정하다가 연금을 지급받을 시기에 계약자와 수익자를 수증자로 변경할 경우 보험계약은 자녀에게 증여되지만 증여재산을 할인해서 세금이 평가된다.

현재 할인율은 3.5%로 받는 시점 대비 기대수명 기간을 고려하여 할인을 해주기 때문에 많은 세금을 절세할 수 있다.

### 이렇게 상속 및 증여세를 절세할 때

## 보험의 권리지정을 잘하면 많은 혜택을 볼 수 있다.

# 생명보험의 장점

생명보험의 세 번째 장점은 연금 효과이다.

## 경험생명표

보험에 가입한 사람을 대상으로
생존 사망 현상을 관찰한 통계를 이용하여, 보험료 산출을 위한
성별, 연령별 사망률을 계산한 표

| 회차 | 1회 | 2회 | 3회 | 4회 | 5회 | 6회 | 7회 | 8회 |
|---|---|---|---|---|---|---|---|---|
| 시행시기 | 1989.~1991. | 1992.~1996. | 1997.~2002. | 2002.~2005. | 2006~2009.9. | 2009.9.~ | 2012.7.~ | 2015.4.~ |
| 남자 | 65.7세 | 67.1세 | 68.4세 | 7.23세 | 76.4세 | 78.5세 | 80세 | 81.4세 |
| 여자 | 75.5세 | 76.8세 | 78세 | 80.9세 | 84.4세 | 85.3세 | 85.9세 | 86.7세 |

## 적용 시기

현재 개인연금시장은 점차 늘어나고 있는 추세이다. 연금상품은 은행, 증권, 보험회사 등 전 금융기관에서 판매되고 있는데 그중 생명보험회사에서 판매되는 연금의 혜택을 알아보자.

생명보험회사에서는 연금을 지급하는 기준을 경험생명표를 통해 결정한다. 경험생명표는 보험회사에서 사용하는 용어로 평균 수명으로 이해하면 된다.

생명보험회사에서 연금을 가입할 경우 경험생명표를 가입 시점에 적용해준다. 8차 경험생명표 기준을 살펴보면 남자는 81세, 여자는 86세로 평균수명이 측정되어 있는데, 향후 평균수명은 점차 늘어날 것으로 예상된다.

만약 남자가 100세까지 산다고 가정할 경우, 생명보험회사는 가입시점의 경험생명표(평균수명)을 적용하기 때문에 많은 혜택을 볼 수 있다.

생명보험회사 외의 다른 연금상품들은 대부분 연금을 받을 시점의 평균수명을 고려하여 연금 금액을 결정한다.

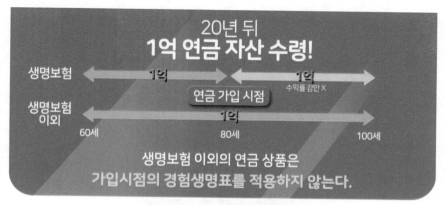

20년 뒤
**1억 연금 자산 수령!**

생명보험 — 1억 — 1억 수익률 감안 X

연금 가입 시점

생명보험 이외 — 1억

60세　　　　80세　　　　100세

생명보험 이외의 연금 상품은
**가입시점의 경험생명표를 적용하지 않는다.**

## 경험생명표의 중요성

만약 A 고객이 똑같이 생명보험회사와 타 금융기관(증권회사 등)의 1억원 연금상품에 가입했다고 가정하자. 수익률 등 다른 조건이 동일하다고 가정하고(수익률 0% 가정) 고객이 100세까지 산다고 하면 생명보험회사는 약 2배의 연금금액을 수령하게 된다.

생명보험회사는 81세 기준으로 연금금액을 지급하지만 타 금융기관은 연금받는 시점의 평균수명을 적용하기 때문이다. 가입시점의 경험생명표를 적용해주는 생명보험회사 연금상품은 아주 많은 혜택을 주는 상품이다.

### 생명보험의 장점인 비상 연금을 기억해서 잘 활용하도록 하자.

# 생명보험·손해보험 비교

## 보험상품은 크게 생명보험과 손해보험으로 나뉜다.

가입한 회사마다 보장내용이 다르니 무조건 한 보험사 상품이 좋다고 이야기할 수 없으며, 각 회사마다 제공하는 보장 범위 및 특징을 이해하는 것이 중요하다.

상품별, 회사별 차이가 있는 내용으로 보편적인 비교임을 양지하고 자세히 내용과 약관을 참고해야 된다.

생명보험

손해보험

생명보험&손해보험

**생명보험**이란 사람의 생존과 사망에 대한 보험이다. 보통 생명보험은 피보험자가 사망하거나 일정한 나이까지 살아 있을 때 약정한 보험금을 지급하는 정액보험이다.

생명보험은 중복이 기본적으로 가능하며, 주식, 채권에 투자해 운용 실적에 따라 보험가입자에게 투자성과를 나눠주는 변액 보험도 생명보험의 한 상품이다.

**손해보험**은 사고로 인한 손해를 배상하는 보험으로 실제 손해액을 지급하는 실비 보험이다. 사람 외의 자동차, 주택 등 소비자 재산과 직접적인 영향이 있는 상품도 손해보험의 한 상품이다.

사망의 범위는 손해보험의 보장 내용보다 생명보험의 보장 내용에서 더 크다. 사망은 크게 일반 사망과 질병사망, 상해사망, 재해사망으로 나눌 수 있는데, **일반사망**이라 함은 사망사유와 관계없이 보험금을 받을 수 있는 보장으로 생명보험에서만 가입이 가능하다.

**상해사망**은 우연하고 급격한 외래의 사고로 인한 사람의 신체에 입은 상해로 인한 사망이며, **재해사망**은 사고로 인한 사망과 더불어 천재지변, 유행병 등으로 사망했을 때 보장받을 수 있다. **질병사망**은 질병으로 인한 사망을 말한다.

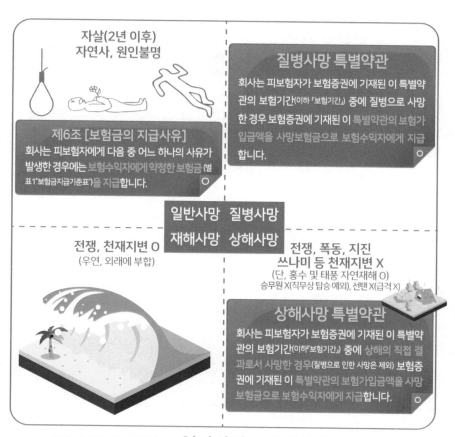

**생명보험은 일반적으로 일반사망과 재해사망을 보장하며,
손해보험은 질병사망과 상해사망을 보장한다.**

# 생명보험·손해보험 비교

대한민국 사망 원인을 살펴보면 1위가 암이고, 2위는 심장 질환, 3위가 뇌혈관 질환이다. 그중 심장 질환과 뇌혈관 질환에 대한 보장은 각 보험사마다 차이가 있다.

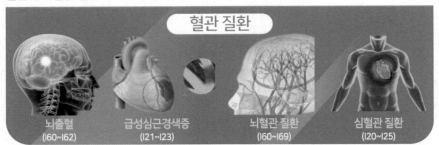

혈관 질환

뇌출혈
(I60~I62)

급성심근경색증
(I21~I23)

뇌혈관 질환
(I60~I69)

심혈관 질환
(I20~I25)

**심장 질환**은 크게 협심증, 급성심근경색이 있다. 심장에 무리가 있어 진료를 받았는데 협심증인 경우 보험사마다 보장이 다를 수 있다. 손해보험인 경우 상품 및 특약에 따라 차이는 있으나 허혈성심장질환 및 급성심근경색 보장을 선택하여 가입할 수 있지만 생명보험인 경우 급성심근경색만 보장해주는 것이 일반적이다.

**뇌혈관 질환**도 심장 질환과 동일하게 손해보험상품의 보장 범위가 더 넓은 편이다. 뇌혈관 질환을 뇌출혈, 뇌경색으로 나눌 수 있는데, 뇌출혈은 혈관이 터진 현상이며 뇌경색은 막히는 증상이다. 최근 식습관 등 환경변화로 뇌경색 발생 빈도가 증가하면서 생명보험상품은 일반적으로 뇌출혈만 보장해주는 편이며, 손해보험은 뇌출혈, 뇌경색을 다 보장하는 뇌졸중 담보를 제공하고 있다.

또한 생명보험의 CI 보험인 경우 급성심근경색 및 뇌출혈이라 하더라도 추가적인 증상이 더 발생해야 지급해주는 보험도 있기 때문에 관련 내용을 잘 살펴보고 가입해야 한다.

**입원과 수술 보장도 각 보험사마다 차이가 있다.** 일반적인 생명보험은 3일 초과 입원 시 입원비가 지급되며, 손해보험은 당일부터 입원비가 지급된다. 입원 한도 또한 생명보험은 120일이며, 손해보험은 180일 기준으로 보장해 준다. 생명보험 수술은 1~3종, 1~5종, 1~7종 등 위험 등급별 수술 내용을 열거하여 보험금을 지급하며, 손해보험은 질병수술, 상해수술 등 2개로 구분하여 수술비를 지급하고 있다.

생명보험과 손해보험의 최근 상품에는 '납입면제'라는 특약이 있다.

**납입면제**는 어떤 질병이나 사고가 발생한 경우 보험료에 대한 납입을 면제해주는 특약인데, 이 또한 보험사마다 차이가 있다. 생명보험은 보험료 납입면제는 물론 보험료 납입 금액 적립까지 해주는 반면, 손해보험은 보험료 납입만 면제해주고 있다.

# 🚨 암 신기술 치료법

가장 비율이 높은 사망 원인인 암의 생존율은 5년 연속 70%를 기록하고 있다. 그만큼 암 치료 기술이 발전되었는데, 중요한 것은 암이 걸렸을 때의 치료비용이다. 암 치료는 했지만 그 비용 때문에 재정환경이 무너지면 그 또한 문제일 수 있다.

## 따라서 암 치료 방법과 비용에 대해서 알아보자.

기존의 암 치료 방법은 크게 세 가지로 나눌 수 있다. 관혈적 절제술과 항암치료 그리고 방사선 치료다. 우리가 많이 알고 있는 치료 기술들인데, 이 치료법은 화학요법이 대부분을 차지하며 상대적으로 치료비가 저렴한 편이다.

새로운 암 치료 기술도 세 가지로 나눌 수 있다. 표적항암제와 면역항암제 그리고 중입자가속기를 이용한 치료방법이다. 암을 타깃으로 하여 집중 공격하는 방법으로서 상대적으로 치료비가 비싼 편이다.

**표적항암치료제**는 말 그대로 암 세포만 공격하는 치료기술이다. 일반 항암치료제는 강한 독성이 있어 암 세포뿐만 아니라 정상 세포도 다치게 할 수 있지만 표적항암제는 암 세포의 변이되는 성분을 분석하여 암 세포만 공격할 수 있다. 표적항암제는 기존 항암제보다 부작용이 적은 편이며, 암 세포의 증식과 성장을 방해하여 완치는 아니나 정상생활이 가능하게 함으로써 생존기간을 늘릴 수 있는 최첨단 의료기술이다.

표적항암제는 약에 따라 비용이 다양하지만 한 달 사용하는 데 비용이 수백만원을 호가하고 1년으로 치면 수천만원이 소요된다.

| 표적치료제 | 질병 (암) | 월부담액 | 1년 부담액 |
|---|---|---|---|
| 자이카디아<br>*보험급여대상지정 | 폐암 | 900만 | 1억800만 |
| 자타비정 | 골수암 | 600만 | 7200만 |
| 퍼제타 | 유방암 | 550만 | 6600만 |
| 수텐캅셀 | 신장암, 위암 | 440만 | 5200만 |
| 얼비툭스 | 대장암 | 396만 | 4700만 |
| 타쎄바정 | 췌장암 | 150만 | 1800만 |

세포의 증식과 성장을 방해하여 완치는 아니나 정상생활이 가능하게 함으로써
**생존기간을 늘릴 수** 있는 최첨단 의료기술

표적항암치료제

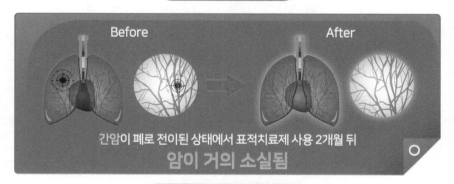

Before    After

간암이 폐로 전이된 상태에서 표적치료제 사용 2개월 뒤
**암이 거의 소실됨**

표적항암치료 효과

# 🚨 암 신기술 치료법

**면역항암제**는 정상 세포와 암 세포를 동시에 사멸하던 기존항암제와 달리 환자 본인이 가지고 있는 면역세포 자체를 활성화시켜 암 세포를 사멸하는 메커니즘의 치료제이다. 기존 항암제는 강한 독성으로 정상 세포까지 죽일 수 있는 화학 항암제로 1세대 항암제로 구분하며, 앞서 설명한 표적항암제를 2세대로 구분한다면 면역항암제는 3세대 항암제로 구분할 수 있다. 《사이언스》지는 2013년 올해의 연구로 면역항암제를 선정하기도 하였다.

면역항암제는 기존 항암제들이 치료하기 힘들었던 백혈병이나 악성 흑색종 등에 사용할 수 있지만 그 비용이 수억을 호가한다. 비용 및 허가승인 여부 등으로 면역항암치료를 위해 일본으로 가는 경우가 많이 발생하고 있다. 우리나라에서 최근 일부 면역항암치료제에 건강보험급여가 적용될 것으로 알려지고 있다.

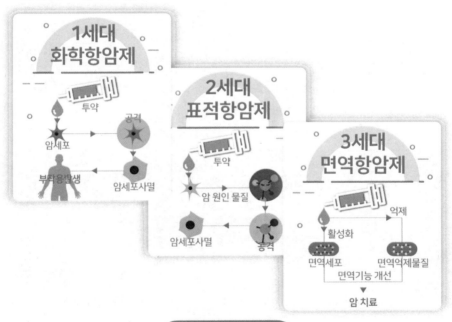

세대별 항암제

| 01 | 02 | 03 | 04 |
|---|---|---|---|
| 환자에게 면역세포 추출 | 여기서 암세포 고유의 DNA 정보 이식 | 배양된 면역 세포 환자 몸속에 주입 | 면역세포가 암세포만 파괴 |

## 면역항암제 치료과정

| 면역항암제 | 승인된 적응증 |
|---|---|
| 여보이<br>성분명 ipilimumab | 절제 불능 및 전이성 악성 흑색종 |
| 옵디보<br>성분명<br>nivo lumab | 절제 불능 악성 흑색종, 절제 불능의 진행 및 재발된 비소세포 폐암, 절제 불능 및 전이성 신세포암, 재발 및 난치성의 전형적 호지킨림프종, 재발과 원격 전의성 두경부암, 화학치료 후 절제 불능 및 재발 위암 |
| 키트루다<br>성분명<br>pembrolizumab | 절제 불능 악성 흑색종, PD-L1양성의 절제 불능의 진행 및 재발의 비소세포 폐암<br>일본 승인은 2017년 2월 |

여보이 10mg / 1회 = 약 25~30만엔    옵디보 20mg / 1회 = 약 20~25만엔    키트루다 50mg / 1회 = 약 80만엔

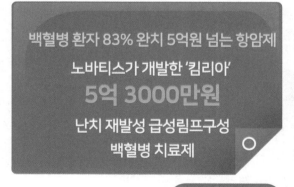

백혈병 환자 83% 완치 5억원 넘는 항암제

노바티스가 개발한 '킴리아'

**5억 3000만원**

난치 재발성 급성림프구성
백혈병 치료제

## 면역항암제

# 🚨 암 신기술 치료법

**꿈의 치료술로 불리는 중입자치료.**

중입자치료기는 무거운 입자인 탄소를 빛의 속도 80%까지 끌어올린 뒤 초당 원자핵 10억 개를 암세포에 도달시켜 암세포를 완전 파괴하는 의료 장비로 마취와 절개 수술이 필요 없고 항암치료를 하지 않는 데다 정상 세포의 손상이 없는 것이 장점이다.

중입자치료기가 일본에서 최초로 개발됐을 때 건설비용이 수천억으로 전 세계에 10대 정도만 보급되어 있다. 높은 건설비용으로 인해 중입자선 치료비용 또한 현재 5,000만원에서 1억 5,000만원 선으로 매우 높게 책정되어 있다. 최근 중입자가속기 건설비용을 줄일 수 있는 기술이 보급되고 있어 건설비용이 약 1,000억원 밑으로 낮아질 것이라는 발표는 있지만 여전히 높은 비용으로 국내 병원에서 도입하기 어려운 실정이다. 최근 세브란스 병원에서 약 3,000억원의 자금을 투입하여 중입자치료기를 구입하였지만 정상적인 가동은 2022년 이후 가능할 것으로 보도되고 있다.

중입자선 치료의 장점

마취, 절개수술 NO

장기 입원 치료 NO

통증, 후유증 NO

항암치료 NO

정상세포손상 NO

신체기능저하, 탈모 NO

중입자치료의 장점

**실손보험으로 모든 치료비가 해결되지는 않는다.**
**신기술 치료법이 개발되면서 진단금 위주의**
**치료비가 더욱 요구된다!**

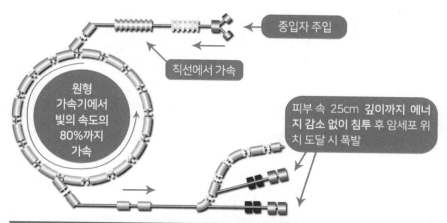

중입자 주입

직선에서 가속

원형 가속기에서 빛의 속도의 80%까지 가속

피부 속 25cm 깊이까지 에너지 감소 없이 침투 후 암세포 위치 도달 시 폭발

중입자선 암 치료 원리는 중입자가속기를 이용해 탄소이온을 빛 속도의 80%까지 끌어올려 암 조직을 살상하는 원리다. 중입자는 원자핵을 구성하고 있는 소립자를 뜻하며 치료용 중입자는 탄소, 네온, 아르곤 등이 있지만 암 치료는 암 세포 살상 능력이 가장 뛰어난 탄소중입자를 사용한다. 중입자 암 치료는 초당 10억 개의 원자핵이 암 세포에 도달해 암 세포의 DNA를 완전히 파괴하는 것이다. 중입자의 암세포 파괴 능력은 X선의 12배, 양성자의 3배에 달한다. 중입자치료는 0.1mm 까지 정밀 조사가 가능해 정상 세포에 영향을 주지 않고 암 부위만 공격해 부작용이 거의 없다.

[자료출처: 《매일경제》 2018년 3월 14일 수요일 자 기사]

😖 암세포
😃 정상세포

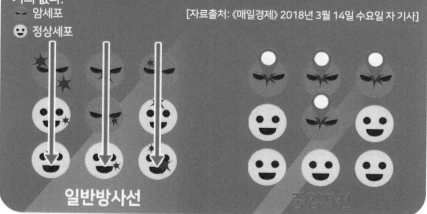

일반방사선　　　　중입자선

중입자치료

# 3대 질병과 보장

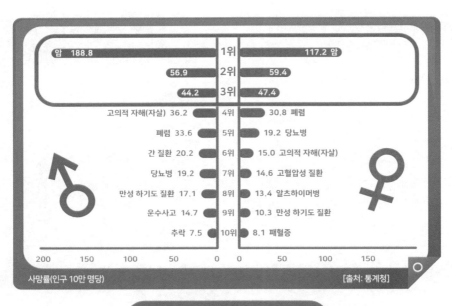

| | | |
|---|---|---|
| 암 188.8 | 1위 | 117.2 암 |
| 56.9 | 2위 | 59.4 |
| 44.2 | 3위 | 47.4 |
| 고의적 자해(자살) 36.2 | 4위 | 30.8 폐렴 |
| 폐렴 33.6 | 5위 | 19.2 당뇨병 |
| 간 질환 20.2 | 6위 | 15.0 고의적 자해(자살) |
| 당뇨병 19.2 | 7위 | 14.6 고혈압성 질환 |
| 만성 하기도 질환 17.1 | 8위 | 13.4 알츠하이머병 |
| 운수사고 14.7 | 9위 | 10.3 만성 하기도 질환 |
| 추락 7.5 | 10위 | 8.1 패혈증 |

사망률(인구 10만 명당)  [출처: 통계청]

## 연도별 사망 원인 통계

## 연도별 5대 사망 원인

**우리나라에서 3대 질병**은 암, 심장 질환, 뇌 질환으로 암 발병률에 불안하지 않은 사람이 없는 정도이다. 암 못지않게 혈관 질환의 발병률도 높아지는 추세인데, 암은 수술로 치료가 가능하고 생존율도 높은 편이지만 심장 질환과 뇌 질환은 수술 후에도 후유 장해가 남을 가능성이 높기 때문에 발병 후 재활까지 상당한 시간과 비용이 발생한다. 최근 심장 질환 발병이 늘어나면서 심장 질환 환자가 뇌 질환 환자보다 많이 발생하고 있다.

## 암

암의 발병 원인은 현재까지도 분명하게 밝혀지지 않고 있으나, 내적 요인으로는 유전적 요소, 외적 요인으로는 발암성 화학물질, 방사선과 자외선, 계속되는 염증과 손상, 스트레스 등의 복합적 요소로 간주되고 있다.

폐암에는 담배와 공해가 가장 중요한 원인으로 대두되고 있고, 피부암은 자외선이 가장 큰 원인인 것으로 간주된다. 이 밖에도 여러 가지 복합적인 원인이 있다.

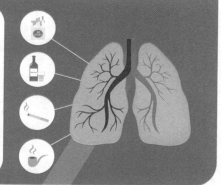

## 뇌혈관 질환

뇌혈관 질환은 뇌혈류의 이상으로 갑작스럽게 압력이 증가하여 혈류를 막거나, 혈관의 약한 부분에서 출혈이 일어남으로 인해 신경 손상이 생기는 경우이다.

뇌는 우리 몸 전체를 관장하고 우리 몸에서 가장 많은 혈류를 필요로 하며 산소 소모도 전체의 20%를 차지하는 중요한 부분이다.

따라서 에너지, 산소 공급이 잠시만 중단되어도 치명적인 결과를 낳는다.

## 심장 질환

심장 질환은 심장 근육에 충분한 혈액 공급이 이루어지지 못할 때 나타나는 질병으로 여러 가지 종류가 있는데, 대개의 원인이 류마티스열에서 오는 심장판막증이 있고, 피가 모자라서 생기는 협심증, 심근경색 등의 허혈성 심장병, 고혈압에 의하여 심장에 부담을 주어 생기는 고혈압성 심장병, 태어나면서부터 가지고 있는 선청성 심장병 등이 있으며 그 외에는 폐성심, 심낭염, 심내막염, 심부전, 부정맥 등이 있다.

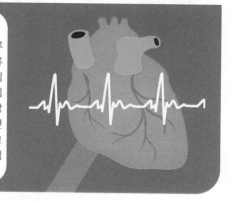

### 3대 질병 발생 원인

# 3대 질병과 보장

3대 질병**은 가입한** 보험상품, 보험특약**에 따라**
보장 내용이 다르다.

## 3대 질병과 보장

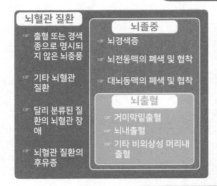

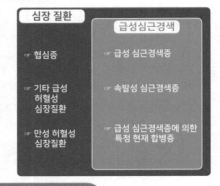

## 뇌혈관 질환과 심장 질환

**암**은 크게 소액암, 일반암, 고액암으로 분류되며, 소액암과 고액암 분류 기준에 따라 지급되는 암 보장 금액이 달라진다. **뇌 질환**은 뇌출혈, 뇌졸중, 뇌혈관 질환으로 나뉜다. 이 중 뇌출혈은 전체 뇌 질환 중 9% 정도이며, 뇌졸중이 66%, 뇌혈관 질환이 100%이다. **심장 질환**도 허혈성심장질환과 급성심근경색으로 구분되어 보장 범위에 따라 보장 금액과 보장 여부가 결정된다. 당연히 넓은 보장 범위과 보장 금액으로 유리한 상품에 가입하는 것이 좋다.

현재 암 발병 후 5년 생존율이 70%가 넘는다. 따라서 암은 발병 여부보다 치료가 중요한데, 암 발병 시 치료비가 더 중요하다. 최근 표적항암치료제 및 중입자가속기 등으로 암 치료 기술은 발달했지만 비용이 만만치 않다.

| | 점유율(%) | 발생자 수(명) |
| --- | --- | --- |
| 갑상선 | 18.9 | 42,521 |
| 위 | 13.4 | 30,184 |
| 대장 | 12.3 | 27,618 |
| 폐 | 10.3 | 23,177 |
| 유방 | 7.7 | 17,292 |
| 간 | 7.2 | 16,192 |
| 전립선 | 4.2 | 9,515 |
| 췌장 | 2.4 | 5,511 |
| 담낭 및 기타 담도 | 2.3 | 5,283 |
| 비호지킨 림프종 | 2.1 | 4,828 |

■ 점유율(%)
■ 발생자 수(명)
[출처: 2013 보건복지부, 중앙 암 등록 본부]

## 상위 10대 암

| 비용 | 암 종류 |
| --- | --- |
| 6622만 7천원 | 간암 |
| 6371만 7천원 | 췌장암 |
| 4657만 3천원 | 폐암 |
| 4254만원 | 담낭암 |
| 2685만 6천원 | 위암 |
| 2352만원 | 대장암 |
| 1768만 5천원 | 유방암 |
| 1612만 6천원 | 자궁경부암 |
| 1464만 1천원 | 방광암 |
| 1124만 3천원 | 갑상선암 |

[출처: 국립암센터]
환자 1명당 비용 부담, 교통비, 간병비 등을 포함한 의료비

## 종류별 암 치료 비용

**따라서 3대 질병과 관련한 적정 치료비와 보험 내용을 비교하여 가입하기에 적정한지를 판단해야 한다.**

# 🚨 CI 보험의 오해와 진실

**우리나라에서 보험 관련 민원이 가장 많은 것은 CI 보험이다.**
**CI 보험이란 Critical Illness로 중대한 질병에 대한 보장이다.**

중대한 질병에 대한 보장을 하는 보험이 왜 민원이 가장 많을까? 우선 CI 보험 탄생 배경부터 알아
보자. CI 보험은 종신보험에서 파생된 상품으로 선지급형 종신보험으로도 불린다. 이 보험은
남아프리카 크루세이더(Crusader) 생명보험회사의 의사였던 마리우스 바나드(Marius Banard)
가 개발했다. 그는 자신의 환자들이 심장 관련 중병으로 직업을 잃고, 엄청난 치료비 부담으로
생활 수준의 급작스러운 하락을 겪으며, 빚을 지는 등 정신적, 경제적 곤란을 겪는 것을 보았다.
그는 치명적인 질병의 지속 상태에서는 사후 비용보다 생존을 위한 비용이 환자에게 더 큰
부담이 된다고 생각했다. 그러나, 그 당시 생명보험은 사망할 때만 보험금이 나오는 것이어서
정작 필요할 때는 아무런 혜택도 못 받고 그냥 생활 파탄 상태까지 이르는 것을 그는 안타깝게
여겼고, 중간에 보험금을 받을 수 있는 실질적인 생활보험 상품을 개발하게 되었다.

간암　　　　　　　　　　　6,622만원 🤍

폐암　　　　　　　4,657만원 💙

심장 질환　　　4,484만원 🤍

뇌 질환　3,062만원 🩵

위암　2,685만원 💙

1인당 치료비
[출처: 국민건강보험공단]

### 3대 질병 치료비

**46.9%**

예금, 적금

**30%**

주택

**29.2%**

금융자산

**32.6%**

대출

[출처 : 국립암센터 2010년]

## 의료비 마련 재산 처분

### CI 보험을 오해하는 이유는

## 3대 질병에 대한 보장 여부 때문이다.

| | 건강보험 | CI 보험(중대한 질병) |
|---|---|---|
| **중대한 암** | 정상적인 조직 세포가 각종 물리적, 화학적 생물학적인 암원성 물질의 작용 또는 요인에 의해 돌연변이를 일으켜서 과다하게 증식하는 증상 | 악성종양세포가 존재하고 또한 주위 조직으로 악성종양세포의 **침윤파괴적 증식**으로 특징지을 수 있는 악성종양(초기 전립선암 등 일부 암 제외) |
| **중대한 뇌졸중** | 뇌의 혈액 순환장애에 의하여 일어나는 급격한 의식장애와 운동마비를 수반하는 증상 | 거미막밑출혈, 뇌내출혈, 기타 비외상성 머리내출혈, 뇌경색이 발생하여 뇌혈액순환의 급격한 차단이 생겨서 그 결과 **영구적인 신경학적 결손**이 나타나는 질병 |
| **중대한 급성심근경색** | 3개의 관상 동맥 중 어느하나라도 혈전증이나 혈관의 빠른 수축 등에 의해 급성으로 막혀서 심장의 전체 또는 일부에 산소와 영양 공급이 급격하게 줄어들에 따라 심장 근육의 조직이나 세포가 괴사하는 증상 | 관상동맥의 폐색으로 말미암아 심근으로의 혈액공급이 급격히 감소되어 전형적인 **흉통의 존재**와 함께 해당 **심근조직의 비가역적인 괴사**를 가져온 질병<br><br>(발병 당시 아래 2가지 특징)<br>1) 전형적인 급성심근경색 **심전도 변화**가 새롭게 출현<br>2) CK-MB를 포함한 **심근효소가 발병 당시 새롭게 상승** |

## CI 보험에서 '중대한'의 의미

보통 3대 질병인 암 질환, 심장 질환, 뇌 질환인 경우 치료비가 만만치 않다. 그런데 이런 질병에 걸리는 경우 CI 보험은 '중대한'이라는 단서를 달기 때문에 보장이 되지 않는 경우가 있다. 암 보장도 '침윤파괴적 증식'이라는 단서를 넣어서 제자리암이나 1차 암인 경우 보장하지 않는다. 뇌 질환도 '영구적인 결손'이라는 단서를 넣어서 일반 뇌 질환일 경우 보장하지 않는다. 심장 질환도 마찬가지로 전형적인 흉통이 계속 있어야 하며 CK-MB라는 심근효소가 추가로 발생해야 보장받을 수 있다. 이런 단서들로 인해 일반적인 3대 질병에 대해서 보장을 못 받는 소비자가 민원을 제기하는 것이다. 여기까지만 보면 이 상품은 안 좋은 상품으로 치부될 수도 있다.

## 그런데 내용을 다르게 살펴본다면 오해를 풀 수 있다.

# CI 보험의 오해와 진실

CI 보험은 중대한 질병과 중대한 수술을
**보장해주는 보험이다.**

## 중대한 질병  중대한 수술

사망보험금 50~80% 선지급(상품마다 차이 있음)
2대 질병 이외 넓은 보장 범위(말기 신부전증, 말기 폐 질환 등)
질병뿐만 아니라 중대한 수술 보장으로 넓은 보장 범위

### CI 보험의 특징

중대한 질병에는 3대 질병도 포함되어 있지만 말기 간 질환, 말기 폐 질환, 말기 신부전증을 보장해주며 관상동맥우회술, 대동맥류인조혈관 치환수술 등 중요한 수술을 보장해준다. 중대한 질병에 걸렸을 때 사망보험금을 선지급해주는 형태여서 보장 금액도 크다. 그렇기 때문에 CI 보험은 중대한 질병과 수술이 발생하는 경우 꼭 필요한 보험이라고 할 수 있다. 상품 자체가 종신보험에서 파생되었기 때문에 사망하는 경우 사망보험금도 지급된다.

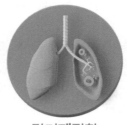

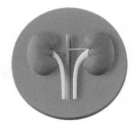

말기**간경화**

말기**폐질환**

말기**신부전**

### 중대한 질병

5대장기 이식수술이란, 5대장기의 만성부전 상태로부터 근본적인 회복과 치료를 목적으로 관련 법규에 따라 정부에서 인정한 장기 이식의료기관 또는 이와 동등하다고 회사에서 인정한 의료기관에서 간장, 신장, 췌장, 폐장에 대하여 장기이식을 하는 것으로 타인의 내부 장기를 적출하여 장기부전 상태인 수혜자에게 이식하는 수술

관상동맥우회술이란, 관상동맥질환의 근본적인 치료를 목적으로 하여 개흉술을 한 후 대복재정맥, 내유동맥 등의 자가우회도관을 협착이 있는 부위보다 원위부의 관상동맥에 연결하여 주는 수술을 말한다. 그러나 카테터를 이용한 수술이나 개흉술을 동반하지 않는 수술은 모두 보장에서 제외된다.

대동맥류인조혈관 치환수술이란, 대동맥류의 근본적인 치료를 목적으로 하여 개흉술 또는 개복술을 한 후 반드시 대동맥류 병소를 절제하고 인조혈관으로 치환하는 두 가지 수술을 해주는 것을 의미한다.
여기서 대동맥류란, 흉부 또는 복부 대동맥을 말하는 것으로 대동맥의 분지동맥들은 제외된다.
또한 카테터를 이용한 수술도 보장에서 제외된다.

심장판막치환수술이란, 심장판막질환의 근본적인 치료를 목적으로 하여 다음의 두 가지 중 한 가지 이상에 해당되는 경우이다.
① 반드시 개흉술 및 개심술을 한 후 병변이 있는 판막을 완전히 제거한 뒤 인공심장판막 또는 생체판막으로 치환하여 주는 수술
② 반드시 개흉술 및 개심술을 한 후 병변이 있는 판막에 대해 판막성형술을 해주는 수술
카테터를 이용한 수술 및 개흉술 또는 개심술을 동반하지 않는 수술

## 중대한 수술

CI 보험 ➕ 건강보험 or GI보험

무조건 좋은 상품도 없지만 무조건 나쁜 상품도 없다. 본인에게 맞는 상품이면 좋은 상품이 될 수 있다. CI 보험으로 모든 보장을 대비하기는 어려울 수 있지만

**건강보험과 GI 보험을 통해 보장을 준비한다면**
좋은 보장 솔루션을 가질 수 있을 것이다.

#  연금저축과 비과세저축

## 적격연금

매년 연말정산 시 더 받는 것이 목표

**(신)연금저축보험**
=
**세액공제 혜택**

직장인, 근로소득자인 경우는 매년 최대 납입 보험료 400만원까지 세액공제 혜택을 받을 수 있다. 직장인, 근로소득자라면 연금저축보험이 더 유리

## 비적격연금

절세형 연금보험을 찾는 사람

**일반 연금보험**
=
**비과세혜택**

일반 연금보험은 10년 이상 유지하면 발생한 이자에 대해 세금을 전혀 내지 않는다. 노후 대비가 주된 목적이라면 일반 연금보험이 유리

연금상품으로 가입을 했는데 종류에 따라 연말정산 때 세액공제를 받는 상품이 있고 그렇지 못한 상품이 있다. 왜 그럴까? 결론부터 말하자면 연금을 목적으로 가입을 했지만 공제혜택을 보는 연금을 적격연금이라 하고 공제혜택을 보지 못하는 연금을 비적격연금이라고 한다. 적격연금 상품으로는 연금저축이 있으며 비적격연금으로는 그 종류가 다양하다. 그중 보험사 상품으로 한정해서 설명하겠다. 적격연금 상품은 '연금저축'으로 세액공제 혜택을 받지만, 비적격연금 상품은 소 위 '비과세저축' 상품으로 세액공제 혜택을 받지 못한다. 연금저축 상품에는 주로 연금보험이라는 단어가 들어가 있으며, (변액 연금은 제외) 비과세저축 상품은 XX변액연금, XX 변액유니버설보험 등 종류가 다양하다.

## 연금저축과 비과세저축 상품의 특징을 살펴보자.

가장 큰 차이점은 앞서 설명한 세액공제 여부이다. 그런데 세액공제를 받는 것이 무조건 좋다고 할 수는 없다. 세액공제를 받는 상품은 향후 연금 수령 시에 연금소득세가 발생한다. 비과세저축은 공제 혜택이 없지만 연금소득세도 발생하지 않다.

무엇이 더 좋다고 단정하긴 어렵지만 지금 당장 세액공제 혜택을 보려는 이는 연금저축을, 나중에 세금 없이 연금을 수령하고 싶은 이는 비과세저축이 적합하다고 볼 수 있다.

| 구분 | (신)연금저축 | 비과세 연금 |
|---|---|---|
| 납입 한도 | 연 1,800만원 | 연 1,800만원, 일시납 1억 미만 (2017.04.01., 이후 가입분) |
| 납입 기간 | 5년 이상 | 5년 이상 10년 유지 |
| 연금 지급 조건 | 55세 이후 10년 이상 수령 | 45세 이후 |
| 공제 혜택 (연말정산 시) | 400만원 한도 12% 세액공제 (IRP 계좌 활용 시 700만원 한도, 소득이 4천만원 이하인 경우 15% 세액공제) | 공제 혜택 없음 |
| 연금 소득세 | 55~69세 5.5% 70~79세 4.4% 80세 이후 3.3% 연금소득세 납부 | 세금 없음 |
| 연금 외 수령 시 불이익 | 16.5% 기타소득세 | 세금 없음 |
| 경험생명표 적용 | 손해보험 연금저축 증권사 연금펀드 경험생명표 적용 X | 생명보험상품 가입시점의 경험생명표 적용 |

## 연금저축과 비과세저축 비교

| 납입방식 | 자유납 | | 정기납 | |
|---|---|---|---|---|
| | 연금저축신탁 (은행) | 연금저축펀드 (자산운용사) | 연금저축보험 (생명보험) | 연금저축보험 (손해보험) |
| 적용금리 | 실적배당 | 실적배당 | 공시이율 | 공시이율 |
| 연금수령기간 | 확정기간 | 확정기간 | 종신, 확정기간 | 확정기간(최대 25년) |
| 원금보장 | 보장 | 미보장 | 보장 | 보장 |
| 예금자 보호 | 적용 | 미적용 | 적용 | 적용 |
| 상품유형 | ▶ 채권형 ▶ 안정형 *주식 10% 미만 | ▶ 채권형 *채권 60% 이상 ▶ 혼합형 *채권,주식 ▶ 주식형 *주식 60% 이상 | ▶ 금리연동형 * 적립금액에 적용하는 이율이 매월 변동 | ▶ 금리연동형 * 적립금액에 적용하는 이율이 매월 변동 |

## (신)연금저축의 종류

# 연금저축과 비과세저축

### 연금저축은
## 총 네 가지 금융상품으로 분류가 가능하다.

은행에서 판매하는 연금저축신탁, 증권 회사에서 판매하는 연금저축펀드, 생명·손해보험회사에서 판매하는 연금저축보험이 있다.

만약 가입한 연금저축보험이 자신하고 맞지 않는 경우 해지하면 손해일 수 있으니, 그런 이들에게는 연금저축 계좌이전제도를 안내해주면 된다. 또 만약 연금보험에 가입했다가 해지하면 손해이니 그런 분들에게는 연금저축신탁이나 연금저축펀드로 계좌 이전하는 것을 추천한다. 연금펀드의 장점은 자유납이 가능하므로 월납입을 하지 않아도 계약이 해지되지 않는다는 것이다. 또한 다양한 펀드로 운영하면서 수익률을 추구할 수 있다.

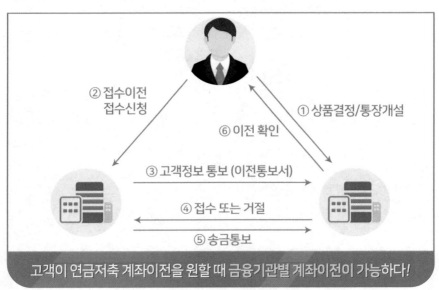

연금저축 계좌이전 방법

| 변액연금 보험 | 구분 | 변액유니버셜 |
| --- | --- | --- |
| 노후생활을 위한 연금 | 가입목적 | 장기 목돈 마련 |
| 가능 | 원금보장 | 불가능 |
| 가입시점 | 경험생명표 | 연금전환시점 |
| 주식 50% 채권 50% | 주식편입비율 | 주식 70~95% |

## 변액연금, 변액유니버셜

### GMWB GLWB

납입 보험료의 일정 비율을
확정 기간 또는 생존기간 동안
부분 인출

(Partial Withdrawal)을
통해 지급하는 것을 보증

### GMIB

|||||
연금화를 조건으로
확정 기간 동안 또는 종신토록
계약 시의 약정 이율이 분리된
보증급부를
분할 지급할 것을 보증

### GMAB

연금 개시 시점의
최저 투자적립금
보증

## 변액연금 보증옵션

**비과세저축 상품으로는**

**크게 변액연금 상품과 변액유니버셜 상품이 있다.**

연금에 집중된 상품은 변액연금 상품이다. 특히 변액연금 상품은 최저보증기능이 있어,
납입이 완료되면 원금이 보증되고, 상품마다 최저지급률 등을 보증해주는 기능이 있다. 또한
생명보험 상품은 가입 시점의 경험생명표를 적용하기에 다른 금융상품 대비 더 많은 연금수령액
을 받는다.

# 치아보험의 이해

## 100세 시대에 치아는 건강한 장수의 첫 번째 조건이다.

한 치아 관련 업체에 따르면 현재 구강 관리에 따라 향후 치아 개수를 예측하는 실험이 있었다. 35세 남성이 현재 25개의 치아를 보유하고 있다면 30년 뒤 그의 치아는 5개 정도밖에 남지 않을 것이며, 만약 32개의 치아를 보유하고 있다면 30년 뒤에도 30개 정도로 건강한 치아를 보유하고 있을 것이라고 실험결과를 발표했다.

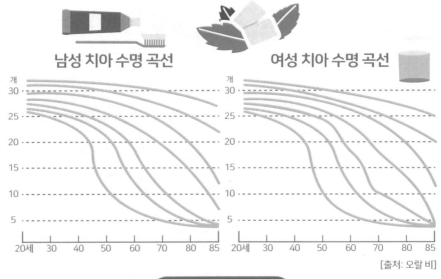

[출처: 오랄 비]

## 치아 수명 곡선

## 보통 치아가 건강하면 오복이 있다라고 말을 많이 한다.

실제 인생의 오복(五福)은 수, 부, 강녕, 유호덕, 고종명으로, 치아는 오복에 포함되어 있지 않지만 치아가 건강해야 몸 전체가 건강하고 천수를 다 누릴 수 있기 때문에 이런 이야기가 전해져 오는 듯하다.

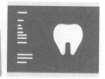

| 순위 | 외래 | 진료인원(명) | 증감(%) |
|---|---|---|---|
| 1 | 본태성(원발성) 고혈압 | 2,501,963 | 5.2 |
| 2 | **치은염 및 치주질환** | **2,147,596** | **14.3** |
| 3 | 급성 기관지염 | 1,817,590 | 5.9 |
| 4 | 등통증 | 1,446,053 | 8.1 |
| 5 | 무릎관절증 | 1,408,656 | 8.7 |
| 6 | 위염 및 십이지장염 | 1,099,447 | 1.0 |
| 7 | 2형 당뇨병 | 108,102 | 14.5 |
| 8 | 위 - 식도역류병 | 944,507 | 14.2 |
| 9 | 기타 척추병증 | 91,511 | 10.4 |
| 10 | **치아 및 지지구조의 기타장애** | **856,082** | **83.2** |

[출처: 건강보험심사평가원, 2015]

## 65세 이상 다빈도 병

|  | 현존 자연치아 수 | 20개 이상 보유율 | 의치필요자율 | 무치악자율 |
|---|---|---|---|---|
| 전체 | 17.5 | 54.7 | 22.7 | 9.2 |
| 남자 | 17.3 | 55.5 | 25.7 | 11.1 |
| 여자 | 17.6 | 54.2 | 20.4 | 7.8 |

[출처: 치과의료정책연구소, 2015]

## 65세 이상 치아상실 표

### 65세 다빈도 진료를 살펴보면 치과 치료가 두 번째로 많다.

65세 노인의 치아상태를 살펴보니 평균 17개로 사람의 영구치 28개(사랑니 포함 32개) 대비 10개 이상 부족한 편이며, 치아가 없는 노인이 10% 넘는 수준이니 치아 관리가 매우 중요하다고 볼 수 있다. 미국의 한 연구기관에 따르면 치아 하나의 경제적 가치는 3만달러라고 한다.

# 치아보험의 이해

**치아보험의 필요성은** 노인에게만 국한되는 것이 아니다.

현재 치료비 중 건강보험공단 부담비가 낮은 치료가 바로 치과치료이다. 그만큼 진료 부담이 크다고 할 수 있다. 건강보험공단 비급여 항목인 임플란트, 브릿지, 틀니, 크라운 등은 치료비가 비싸다.

| | 비급여 항목 | | | | |
|---|---|---|---|---|---|
| 보존치료 | 레진 | 인레이/온레이 | 크라운 | 스켈링 | 아말감 |
| 보철치료 | 임플란트 | 브릿지 | 틀니 | | |

### 치아보험이란?
충치 및 잇몸질환 등 질병으로 치아에 보존치료 또는 보철치료를 받을 경우 보험금을 지급하는 보험이다.

## 치과치료 항목

1위
가계 의료비 중
치과 치료비 비율
50.7%

연평균
57만원
최대
1,160만원

본인부담
77.6%
국민건강
보험12%

국민건강보험 적용 항목 22.4%에 불과
대부분 실손 의료보험에서도 보장되지 않음

**가계 의료비 부담 상승의 주요 요인!**

## 한 해 치과 치료비

현재 치아보험의 중요성이 높아지면서 많은 보험사들이 치아보험 상품을 출시하고 있는데, 치아보험은 크게 진단형과 무진단형으로 나눌 수 있다.

**진단형**은 보험 가입 전 치과를 방문하여 진료카드를 작성한 뒤 가입하는 형태이고, **무진단형**은 사전 진단 없이 보험에 가입을 하지만 면책기간을 두어 면책기간 이후 보장해주는 형태를 띠고 있다.

충치 및 기타 치아질환 등으로 인해 치아의 손실이 발생할 경우, 발치 없이 치료하여 치아를 보존함으로써 건강한 치아상태를 유지하는 치료

크라운    충전    아말감    인레이    온레이

충치나 발치 또는 외부충격으로 치아를 크게 손실하거나 상실했을 경우, 인공적인 치아를 만들어 대처하는 시술

임플란트      브릿지      틀니

### 보존치료&보철치료

| 구분 | 무진단형 | | | 진단형 | | |
|---|---|---|---|---|---|---|
| | 면책기간 | 감액기간 | 보장한도 | 면책기간 | 감액기간 | 보장한도 |
| **보철치료**<br>(임플란트, 브릿지, 틀니) | 가입 후 1~2년 | | 있음 | 없음 | 없음 | 무제한 |
| **보존치료**<br>(크라운, 충전<br>및 치아발치) | | | | 없음 | 없음 | 무제한 |

### 무진단형 VS. 진단형

**상품마다 보장기간, 보장횟수, 보장금액에 차이가**
**발생하니 자세히 살펴보는 것이 중요하겠다.**

# 경영인 정기 보험

## 그렇다면 CEO 플랜에 적합한 금융상품은 어떤 것이 있을지 알아보도록 하자.

「법인세법」과 관련해서 비용처리되는 근거는 상품이 순수 보장성이며 만기환급이 없는 경우이다. 보통 연금보험이나 만기환급형 종신보험인 경우 시간이 경과하면서 만기환급금이 늘어나는데 만기환급 금액이 있으니 전액 비용처리가 되지 않는다.

**법인계약 세무상 비용처리 (「법인세법」 기본통칙 19-19-9)**

보험기간 만료 후에 만기 반환금을 지급하겠다는 뜻의 약정이 있는 손해보험에 대한 보험료를 지급한 경우에는 그 지급한 보험료액 가운데 적립보험료에 상당하는 부분의 금액은 자산으로 하고 기타 부분의 금액은 이를 기간의 경과에 따라 손금에 산입한다.

| 보장성 보험 | 순수보장성 | 전액 비용 처리 | 단체보험 정기보험 |
|---|---|---|---|
| | 만기환급형 | 소멸보험료만 비용처리 | 종신보험 저축보험 연금보험 |
| 저축성보험 | | | |

## 보험의 비용처리

하지만 경영인 정기보험인 경우 그림에서 보는 바와 같이 상품구조가 만기에는 제로(0)가 되니 순수보장형이다가 만기환급이 없어지므로 비용처리가 가능한 상품이다.

보통 퇴직금 마련을 위해서 연금보험을 생각할 수 있는데 연금보험으로 퇴직금 재원을 마련하면 사외 적립되는 자금이 자산으로 처리되다가 퇴직금을 지급해야 되는 시기에 많은 자산이 비용으로 나가 당기순손실이 발생할 수 있다.

하지만 경영인정기보험을 활용하게 되면 납입 기간 동안에는 보험료가 비용처리가 되어 당기순이익이 적게 잡히므로 절세 효과를 볼 수 있으며, 실제 퇴직 시 비용처리했던 자금을 출금하니 당기순손실도 발생하지 않는다.

## 퇴직금 플랜 - 연금보험

| 구분 | 1년 | 2년 | 3년 | 4년 | 5년 | 6년 | 7년 | 8년 | 9년 | 10년 |
|---|---|---|---|---|---|---|---|---|---|---|
| 영업 이익 | 5억 | 5억 | 5억 | 5억 | 5억 | 5억 | 5억 | 5억 | 5억 | 5억 |
| 연금보험 자산처리 | 1.2억 | 2.4억 | 3.6억 | 4.8억 | 6.0억 | 7.2억 | 8.4억 | 9.6억 | 10.8억 | 12.0억 |
| 당기 순이익 | 5억 | 5억 | 5억 | 5억 | 5억 | 5억 | 5억 | 5억 | 5억 | 5억 |

퇴직금 12억 　　당기순손실 -7억원　　**VS.**　　퇴직금 12억　　해지환급금(영업 외 수익) 12억원
= 단기 순이익 3.8억원

## 비용 플랜 - 경영인정기보험

| 구분 | 1년 | 2년 | 3년 | 4년 | 5년 | 6년 | 7년 | 8년 | 9년 | 10년 |
|---|---|---|---|---|---|---|---|---|---|---|
| 영업 이익 | 5억 | 5억 | 5억 | 5억 | 5억 | 5억 | 5억 | 5억 | 5억 | 5억 |
| 정기보험 비용처리 | 1.2억 | 1.2억 | 1.2억 | 1.2억 | 1.2억 | 1.2억 | 1.2억 | 1.2억 | 1.2억 | 1.2억 |
| 당기 순이익 | 3.8억 | 3.8억 | 3.8억 | 3.8억 | 3.8억 | 3.8억 | 3.8억 | 3.8억 | 3.8억 | 3.8억 |

ex) 퇴직금 지급: 10년 후 12억원, 보험료 납입: 월 1,000만원

# 퇴직금 플랜 VS. 비용 플랜

### 기 획 재 정 부

수신 무로앤셀생명보험(주) 귀하 (우136-082 서울특별시 강남구 강남대로 298 (역삼동, 무르앤셀타워))
(경유)
제목 질의 회신(보장성보험 보험료의 손금산입 시기)

1. 귀하께서 2014년 10월 1일 우리부에 접수하신 내용에 대한 회신입니다.

2. 내국법인이 퇴직기한이 정해지지 않아 퇴직시점을 예상할 수 없는 임원(대표 이사등)을 피보험자로, 법인을 계약자와 수익자로 하는 보장성보험에 가입하여 사전에 해지환급금을 산정할 수 없는 경우, 법인이 납입한 보험료 중 단기환급액에 상당하는 보험료 상당액은 자산으로 계상하고, 기타의 부분은 이를 보험기간의 경과에 따라 손금에 산입하는 것입니다.

> 내국법인이 퇴직기한이 정해지지 않아 퇴직시점을 예상할 수 없는 임원을 피보험자로 법인을 계약자와 수익자로 하는 보장성 보험에 가입하여 사전에 해지환급금을 산정할 수 없는 경우, 법인이 납입한 보험료 중 만기환급액에 상당하는 보험료 상당액은 자산으로 계산하고, 기타의 부분은 이를 보험 기간의 경과에 따라 손금에 산입하는 것

# 보장성 보험 비용처리

▶ 기획재정부 법인세과 - 306(2015.4.20.)
① 보장성 보험일 것
② 계약자, 수익자를 법인으로 피보험자를 임원으로 할 것
③ 만기환급금이 없을 것

▶ 국세청 법규법인 3013 - 397(2013.10.24.)
① 계약해지가 사회통념 및 상관행에 부합될 것
② 해약환급금, 기타 부분으로 구분하여 회계처리 할 것

= 현재의 예규로는 모든 경우의 수 반영 불가
목적별, 상황별로 구분된 회계처리가 바람직하다.

# 🚨 경영인 정기 보험

국세청에서는 관련 질문에 사회통념상 상관행에 부합하며, 만기환급금 및 기타 부분을 구분하여 회계처리하라는 애매모호한 대답을 주로 해왔다.

그래서 기획재정부에 의뢰하여 얻은 답변 중 [사전에 해지환급금을 산정할 수 없는 경우 법인이 납입한 보험료 중 만기환급액 상당하는 보험료 상당액은 자산으로 잡고 나머지 부분은 비용처리해라]라는 답변이 있었다.

## 제4조(유족보상금 산정 및 지급기준)

① 유족보상금 산출의 기준이 되는 평균임금 산정은 사유가 발생한 날의 직전 3개월간 지급 된 임금총액을 그 기간의 총 일수로 나눈 금액으로 한다.

| 사망의 원인 | 보상금 | 장의비 |
|---|---|---|
| 업무상 재해나 질병으로 사망 | 평균임금의 1,300일분 | 평균임금의 120일분 단, 고용노동부가 고시하는 최고금액을 한도로 한다. |
| 업무 외 재해나 질병으로 사망 | 위의 50% | 위의 50% |

▶ 법인에서 유족보상금 지급 시 손금 산입
▶ 유족보상금 수령 시 소득 처분(근로소득 등) 필요

## 임원 유족보상금 지급규정

'CEO 플랜' 챕터에서도 설명했지만 국세청 및 기획재정부 답변을 분석해보면 사회통념상 관행에 따르기 위해 유족보상금 및 퇴직금 관련 규정이 정관에 표시되어 있어야 하며, 유족보상금 규모는 임원인 경우 보상금과 장의비를 합쳐 1,420일로 표시하면 되는데, 사회통념상 개념을 이용해 종업원인 경우 1,000일 보상금이 지급되니 임원인 경우 최고 2,000일 정도까지는 적정하다고 볼 수 있다.

해지환급금이
가장 높은 시기

가입시기　　　　　　　　　　　　　　　　　만기

## 해지 -퇴직금 중간 정산

## 해지 환급금 구조

여기서 생기는 궁금증은 만기환급이 없는 상품인데 어떻게 퇴직금을 받아올 수 있느냐인데,
경영인정기보험은 환급금 구조가 위 그림과 같아서 환급금이 높은 시점에 퇴직 및 퇴직금
중간정산을 하면서 보험계약을 해지하게 되면, 보험금의 입금 부분이 자산으로 처리되지만
퇴직금 출금 부분은 비용처리가 되어 서로 두 금액이 상계되고 퇴직금을 가져올 수 있다.

### 퇴직금 중간정산
① 법인 임원이 조직 변경, 합병, 분할, 양도로 퇴직할 때
② 임원의 부양가족이 3개월 이상 요양할 때
③ 1년 이상 무주택자가 3개월 이내 주택을 구입할 경우
④ 천재지변이 발생할 경우

**퇴직금인 경우** 퇴직금 중간정산이라는 제도**도 있으니**
상황에 맞게 퇴직금을 활용할 수 있다.